现代经济管理理论与经济发展研究

陈丽娴 ◎ 著

中国纺织出版社有限公司

内 容 提 要

本书简述了经济理论的演变、核心概念及主要流派，剖析了现代经济理论的核心内容，介绍了经济发展的理论基础及关键因素，探讨了宏观经济、区域经济与企业管理的理论与实践，并分析了产业发展与企业战略。最后，本书聚焦数字经济与绿色经济等前沿热点，为经济可持续发展与企业管理提供了理论支撑和实践路径。本书适合经管类专业师生阅读。

图书在版编目（CIP）数据

现代经济管理理论与经济发展研究 / 陈丽娴著 . 北京：中国纺织出版社有限公司，2025.6. -- ISBN 978-7-5229-2859-3

Ⅰ. F2；F061.3

中国国家版本馆 CIP 数据核字第 2025CM8489 号

责任编辑：于　泽　　　责任校对：王花妮　　　责任印制：储志伟

中国纺织出版社有限公司出版发行
地址：北京市朝阳区百子湾东里 A407 号楼　邮政编码：100124
销售电话：010—67004422　传真：010—87155801
http://www.c-textilep.com
中国纺织出版社天猫旗舰店
官方微博 http://weibo.com/2119887771
河北延风印务有限公司印刷　各地新华书店经销
2025 年 6 月第 1 版第 1 次印刷
开本：710×1000　1/16　印张：9
字数：133 千字　定价：97.00 元

前　言

现代经济管理理论作为经济发展的重要指引，其与经济实践的结合愈发紧密。本书旨在深入剖析经济管理理论的核心要义，并探究其在经济发展各领域中的实践应用与创新，为学术界、企业界及政策制定者提供全面且深入的参考。

从古典经济学派到当代前沿理论，经济管理理论历经数百年的发展与演变，不断丰富和完善。古典经济学派的“看不见的手”理论，为自由市场经济奠定了基础；凯恩斯革命则在经济危机背景下，开启了政府干预经济的新时代。当代的信息经济学、新制度经济学和行为经济学等从不同视角深入剖析经济现象，为经济管理实践提供了更为精准和有效的理论支持。这些理论的发展历程不仅体现了学术思想的演进，更是对经济发展现实需求的回应。

在经济发展状况的衡量方面，传统的 GDP、GNP 等指标虽在一定程度上反映了经济规模和增长速度，但随着社会经济的发展，其局限性日益凸显。它们未能充分考量经济活动的社会成本、分配效应及非市场活动的价值等。为了更全面、准确地衡量经济发展状况，绿色 GDP、人类发展指数、生态足迹和社会进步指数等新指标体系逐渐兴起。这些新指标从不同维度综合考虑了社会进步与环境影响，为我们理解经济发展提供了更丰富的视角，也促使政策制定者在追求经济增长的同时，更加注重社会公平和可持续发展。

技术创新、教育水平与人力资本积累是经济发展的核心驱动力。技术创新通过提升生产效率、推动产业升级和创造新的市场需求，为经济增长注入源源不断的活力。从工业革命时期的蒸汽机技术，到如今的人工智能、大数据等前沿技术，每一次技术变革都深刻改变了经济发展的轨迹。教育作为培养人才的关键途径，不仅提高了劳动者的素质和技能水平，还促进了科技创新和社会进步。人力资本积累则进一步增强了劳动者的生产和创新能力，为经济的可持续发展提供了坚实保障。

在全球化背景下，国际贸易与投资对经济发展的影响举足轻重。国际贸易推动了资源的全球优化配置，促进了各国经济的增长和产业升级，但也引发了贸易摩擦等问题。因此，如何在全球化浪潮中趋利避害，充分发挥国际贸易与投资的积极作用，是各国面临的重要课题。

随着数字技术、绿色理念和经济全球化的发展，经济发展过程中涌现诸多新趋势和新挑战。数字经济与智能经济转型加速，区块链、人工智能、大数据等技术广泛应用，推动了经济形态的变革。绿色经济成为可持续发展的必然选择，碳中和目标促使各产业积极转型，环境成本内生化和绿色金融创新成为经济绿色转型的重要支撑。在全球化新格局下，全球价值链重构，产业链韧性建设迫在眉睫。同时，创新驱动与经济周期波动的关系更加复杂，新兴经济业态不断涌现，给经济管理带来了全新的挑战。

本书对这些经济发展中的新趋势和新挑战进行了深入探讨，旨在为读者提供全面且前沿的经济管理知识。无论是研究经济理论的学者，还是从事企业管理的实践者，抑或是制定经济政策的决策者，都能从本书中汲取有价值的信息。我们期望本书能够激发更多的思考，为推动经济管理理论的发展和经济的可持续发展贡献一份力量，助力各界人士在复杂多变的经济环境中把握机遇，应对挑战，实现经济的繁荣与进步。

著　者

2024 年 10 月

目录

第一章 经济发展相关理论与影响因素……1
第一节 经济理论的演变……1
第二节 现代经济理论的核心概念解析……8
第三节 经济发展水平的衡量……13
第四节 经济发展的关键因素与驱动力分析……19
第五节 技术创新、企业家精神与经济周期波动……26
第二章 宏观经济调控与区域经济发展……33
第一节 宏观经济调控政策的运用……33
第二节 促进社会公平的工具与政策……43
第三节 区域经济发展模式与策略……52
第四节 产业发展理论与政策实践……61
第三章 经济发展中的企业管理与战略决策……69
第一节 企业治理结构与企业竞争力……69
第二节 企业战略规划与决策……76
第三节 组织行为学视角下的团队绩效提升……85
第四节 人力资源管理体系与企业文化……92
第五节 财务管理理论与财务决策……97
第六节 企业发展战略与社会责任……105

第四章　新经济模式下的机遇与挑战 ······ 113

第一节　数字经济创新供应链管理 ······ 113

第二节　绿色经济与可持续发展 ······ 119

第三节　共享经济平台的管理挑战 ······ 126

第四节　平台垄断的治理与零工经济中的劳动权益保护 ······ 130

参考文献 ······ 137

第一章　经济发展相关理论与影响因素

在现代社会，经济理论对于经济发展起着至关重要的作用。它为经济活动的参与者指引方向，帮助企业、政府等各类主体做出合理决策，优化资源配置，推动经济的持续增长与繁荣。从微观层面的企业运营，到宏观层面的国家经济调控，经济理论都发挥着不可或缺的作用。随着时代的发展，经济理论也在不断演进，在不同的历史阶段都有其独特的理论贡献和实践意义。本章将深入探讨经济理论的基础内容，包括其演变、核心概念，为后续研究经济发展奠定坚实的基础。

第一节　经济理论的演变

经济理论的发展并非一蹴而就，而是在历史的长河中不断沉淀、演进的结果。从早期简单的经济思想萌芽，到如今复杂且系统的理论体系，它见证了人类社会经济活动的日益丰富和多样化。不同学派的理论观点相互碰撞、融合，为经济管理实践提供了丰富的思想源泉。研究经济理论的演变，不仅能让我们清晰地了解其发展脉络，更能从过往的经验教训中汲取智慧，为当下和未来的经济管理活动提供有益的借鉴。接下来，我们将从古典经济学派开始，逐步梳理经济理论的发展历程。

一、古典经济学派及其对现代经济理论与实践的影响

古典经济学派诞生于18世纪中叶至19世纪70年代，是经济思想史上的重要阶段。当时，资本主义正处于快速发展时期，工业革命的浪潮席卷而来，极大地

推动了生产力的进步，也使经济活动变得日益复杂。在这样的背景下，古典经济学派应运而生，其代表人物有亚当·斯密、大卫·李嘉图等。

亚当·斯密被尊称为“现代经济学之父”，他的代表作《国富论》于1776年出版，标志着古典经济学派的正式形成。斯密在书中提出了“看不见的手”的著名论断，认为在自由市场经济中，个人追求自身利益的行为会在“看不见的手”的引导下，促进社会整体利益的实现。这一观点强调了市场机制的自我调节作用，主张政府应尽量减少对经济的干预，让市场自由地发挥资源配置的功能。例如，在一个完全竞争的市场中，企业为了追求利润最大化，会根据市场价格信号来调整生产和经营策略。如果某种商品的价格上涨，企业会增加生产；反之，则会减少生产。这种自发的调节机制能够使资源流向最有效率的生产领域，实现资源的优化配置。

大卫·李嘉图进一步发展了古典经济学理论，他的比较优势理论对国际贸易产生了深远影响。李嘉图认为，每个国家都应专注于生产并出口其具有比较优势的产品，进口其具有比较劣势的产品，这样各国都能从国际贸易中获得利益。这一理论为国家间的经济合作和专业化分工提供了理论依据，推动了全球贸易的发展。以英国和葡萄牙为例，假设英国生产呢绒的成本相对较低，而葡萄牙生产葡萄酒的成本相对较低。按照比较优势理论，英国应集中生产并出口呢绒，从葡萄牙进口葡萄酒；葡萄牙则应专注于葡萄酒的生产和出口，进口英国的呢绒。通过这种专业化分工和贸易，两国都能消费到比自己生产所有商品情况下更多的商品，实现福利的提升。

古典经济学派对现代经济理论与实践的影响是多方面的。在微观层面，其强调的自由竞争和利润最大化原则，促使企业不断提高生产效率，优化内部管理。企业为了在市场竞争中立足，会努力降低成本、创新产品和优化服务，提高自身的竞争力。在宏观层面，古典经济学派的思想为政府制定经济政策提供了重要参考。政府逐渐认识到市场机制的有效性，减少了对经济的过度干预，更多地扮演起市场监管者和公共服务提供者的角色。许多国家开始推行自由贸易政策，降低贸易壁垒，促进了国际贸易的繁荣。此外，古典经济学派的理论还为现代经济学的发展奠定了基础，后续的许多经济学理论都是在对其批判和继承的基础上发展起来的。

二、新古典主义和凯恩斯革命：经济思想的转折点

在经济思想的漫长演进历程中，新古典主义的兴起与凯恩斯革命的爆发，无疑是两个极为关键的节点，它们从根本上重塑了经济管理的思维模式与实践路径，深刻影响了经济理论发展的轨迹。

（一）新古典主义

新古典主义在 19 世纪末 20 世纪初逐渐崭露头角，彼时工业革命持续推进，经济结构日益复杂，传统古典经济学已难以全面阐释新的经济现象。在这一背景下，新古典主义应运而生，它在继承古典经济学部分理念的同时，更加聚焦于对微观经济主体行为的研究。

1. 边际分析的兴起与意义

新古典主义引入了边际分析方法，这是其最为显著的理论创新之一。经济学家们借助这一方法，深入剖析经济主体在每一个决策节点上，如何权衡边际成本与边际收益，进而做出最优选择。例如，企业在决定产量时，不再仅仅关注总体的生产规模，而是细致考量每增加一单位产量所带来的成本与收益变化。当边际收益大于边际成本时，企业倾向于扩大生产；反之，则会收缩生产规模。这一理论极大地丰富了微观经济学的分析框架，为企业生产决策提供了科学、系统的理论依据，使企业能够更加精准地配置资源，提升生产效率，适应市场的动态变化。

2. 一般均衡理论的构建与影响

新古典主义还构建了一般均衡理论。该理论试图描绘整个经济体系中，各个市场之间相互关联、相互影响的复杂图景。在一般均衡状态下，所有市场的供给与需求同时达到平衡，商品和要素的价格、产量都处于稳定状态。这一理论的提出，标志着微观经济分析从局部均衡走向全面均衡，让经济学家能够从宏观视角理解微观经济主体的行为如何在市场机制的作用下，实现整个经济系统的稳定与

协调。尽管在现实中，完全的一般均衡状态难以实现，但该理论为分析经济系统的运行机制提供了重要的参照，对后续经济理论的发展和政策制定产生了深远影响。

（二）凯恩斯革命

20 世纪 30 年代，资本主义国家遭遇了前所未有的经济大危机，传统新古典主义经济学所倡导的自由放任政策在危机面前显得束手无策。在这一历史关头，凯恩斯主义横空出世，掀起了一场深刻的经济学革命，彻底改变了政府在经济管理中的角色和理念。

1．有效需求不足理论的提出

凯恩斯指出，经济危机的根源在于有效需求不足。在经济衰退时期，由于消费者对未来经济前景缺乏信心，往往会减少消费支出；企业预期市场需求萎缩，投资意愿也随之降低。这种消费和投资的双重不足，导致社会总需求低于总供给，进而引发经济衰退和大规模失业。以 1929 年美国经济危机为例，股市崩盘后，消费者的财富大幅缩水，消费欲望急剧下降。同时，企业面临产品滞销的困境，纷纷削减投资，关闭工厂，导致失业率飙升。凯恩斯的这一理论打破了传统经济学中供给自动创造需求的固有观念，为政府干预经济提供了全新的理论依据。

2．政府干预政策的实施与效果

基于有效需求不足理论，凯恩斯主张政府应积极干预经济，通过财政政策和货币政策来调节总需求，以实现充分就业和经济增长的目标。在财政政策方面，政府可以在经济衰退时增加政府支出，减少税收，从而刺激消费和投资；在经济过热时，则减少政府支出，增加税收，抑制总需求。在货币政策方面，中央银行可以通过调整利率和货币供应量，影响货币市场的资金供求关系，进而调节经济运行。例如，在大萧条时期，美国政府实施了一系列以凯恩斯主义为指导的政策，如罗斯福新政。政府加大了对公共工程的投资，修建了大量的公路、桥梁和水利设施，直接创造了就业机会，带动了相关产业的发展。同时，通过调整税收和建设社会保障体系，增加了居民的可支配收入，刺激了消费需求。这些政策在一定程度上缓解了经济危机的冲击，帮助美国经济逐步走出困境。凯恩斯革命不仅对当时的经济产生了立竿见影的影响，而且在之后的几十年里，成为西方国家制定经济政策的重要理论基石，深刻改变了政府与市场的关系。

三、当代经济理论的新发展

随着时代的变迁和经济环境的不断变化，当代经济理论在继承和批判传统理论的基础上，不断推陈出新，展现出蓬勃的发展活力。这一时期的经济理论更加注重跨学科的融合，以及对复杂经济现象的深入洞察，为经济发展提供了更具针对性和前瞻性的理论支持。

（一）信息经济学：信息不对称下的经济决策

在当代经济活动中，信息的重要性愈发凸显，信息经济学应运而生，该理论主要研究在信息不对称条件下，经济主体的行为模式和市场运行机制。

1. 逆向选择与道德风险问题

信息经济学揭示了信息不对称会导致市场失灵，引发逆向选择和道德风险等问题。逆向选择是指在交易双方信息不对称的情况下，劣质产品或服务往往会驱逐优质产品或服务，导致市场上产品或服务的平均质量下降。例如，在二手车市场，卖家对车辆的真实状况了如指掌，而买家却难以获取全面准确的信息。这使买家更倾向于以较低的价格购买车辆，从而导致高质量的二手车难以在市场上立足，最终市场上充斥着低质量的二手车。道德风险则是指在信息不对称的情况下，一方在追求自身利益的过程中，可能会采取损害另一方利益的行为。以保险市场为例，投保人在购买保险后，由于保险公司难以完全监督其行为，投保人可能会降低对风险的防范意识，从而增加了保险事故发生的概率。

2．应对信息不对称的策略

为了应对信息不对称带来的问题，可采取相应的策略，信号传递和信息甄别是两种常见的解决方法。信号传递是指拥有信息优势的一方通过某种可观察的行为或特征，向信息劣势方传递自己的真实信息。例如，企业通过投放广告、获得质量认证等方式，向消费者传递产品质量可靠的信号。信息甄别则是指信息劣势方通过设计某种机制，促使信息优势方披露真实信息。例如，保险公司通过设计不同的保险套餐，让投保人根据自己的风险状况选择合适的保险产品，从而实现对投保人风险类型的甄别。这些理论和策略为企业和政府在信息经济时代进行有效的经济决策和市场监管提供了重要的指导。

（二）新制度经济学：制度对经济发展的关键作用

新制度经济学在当代经济管理理论中占据着重要地位，它强调制度因素在经济发展中的关键作用，将制度作为经济增长的内生变量。

1．交易成本理论的提出

新制度经济学的核心概念之一是交易成本。交易成本是指在市场交易过程中，为达成交易、维护交易秩序等所付出的各种成本，包括搜寻信息的成本、谈判成本、签约成本和监督执行成本等。例如，企业在寻找供应商的过程中，需要花费时间和精力收集供应商的信息，与供应商进行谈判，签订合同，并在合同执行过程中对供应商进行监督，这些都构成了交易成本。交易成本理论的提出，改变了传统经济学中对市场交易零成本的假设，使经济学家对现实经济运行的分析更加贴近实际。

2．产权理论与企业理论的发展

基于交易成本理论，新制度经济学发展出了产权理论和企业理论。产权理论认为，清晰的产权界定是降低交易成本、提高资源配置效率的关键。当产权界定不清晰时，会导致资源的过度使用或闲置，引发“公地悲剧”等问题。企业理论则从交易成本的角度解释了企业的存在和边界。企业通过内部化市场交易，减少了市场交易中的不确定性和交易成本。然而，企业内部也存在组织成本，当企业规模扩大到一定程度时，组织成本的增加会抵消内部化交易带来的好处。因此，企业会在交易成本和组织成本之间寻求平衡，确定最优的企业规模。

新制度经济学的这些理论为理解经济制度的变迁、企业的组织形式和行为以及政府在经济发展中的作用提供了全新的视角，对经济政策的制定和企业管理实践产生了深远影响。

（三）行为经济学：对人类经济行为的深入洞察

行为经济学融合了经济学和心理学的理论与方法，对传统经济学中关于人类理性行为的假设提出了挑战，深入研究了人类在经济决策过程中的真实行为模式。

1．有限理性与认知偏差

行为经济学指出，人类在经济决策过程中并非完全理性，而是受到认知能力和心理因素的限制，表现出有限理性的特征。人们在决策时，往往会依赖一些经验法则和直觉，从而产生各种认知偏差。例如，锚定效应是指人们在做决策时，会过度依赖最初获得的信息，将其作为决策的基准。在购买商品时，消费者可能会受到商品标价的影响，即使该标价与商品的实际价值并无必然联系。损失厌恶则是指人们对损失的敏感程度高于对收益的敏感程度，为了避免损失，往往会做出一些非理性的决策。

2．行为经济学对经济政策和市场行为的影响

行为经济学的研究成果对经济政策的制定和市场行为的理解具有重要意义。政府在制定经济政策时，考虑到人们的行为偏差，可以设计出更具针对性和有效性的政策。例如，在制定税收政策时，可以利用人们的损失厌恶心理，采用“损失框架”的表达方式，提高税收政策的执行效果。在市场营销中，企业也可以运用行为经济学的原理，设计更符合消费者心理的营销策略，提高产品的市场竞争力。行为经济学的兴起，使经济学更加关注人类行为的复杂性和多样性，为经济管理理论的发展注入了新的活力。

第二节　现代经济理论的核心概念解析

在现代经济理论的核心概念是理解各种理论和实践的基石。清晰地解析这些概念，不仅有助于深入掌握经济理论的内在逻辑，更能为制定科学合理的经济政策、实施有效的企业管理策略提供坚实的理论支撑。接下来，我们将对效率、效益与公平这三个紧密关联且至关重要的概念，以及政府与市场的关系展开深入探讨。

一、效率、效益与公平的概念探讨

在经济实践与理论研究中，效率、效益与公平是衡量经济活动成效和社会经济发展质量的关键维度，它们相互影响、相互制约，共同影响着经济发展。

（一）效率

在经济管理领域，效率通常指的是资源的有效利用程度，即在给定的投入下实现产出最大化，或者在既定产出目标下使投入最小化。在生产环节，技术效率是一个重要的衡量指标。例如，一家汽车制造企业，通过引入先进的生产技术和设备，优化生产流程，在单位时间内生产出更多高质量的汽车，相较于同行业其他企业，使用相同数量的劳动力、原材料和资本投入，却获得了更高的产量，这便是技术效率提升的体现。

此外，配置效率也不容忽视。它强调资源在不同生产部门和产品之间的合理分配。以一个经济体为例，当资源被精准地分配到消费者需求最为旺盛的商品和服务生产中时，配置效率便得到了提高。比如在智能手机市场需求旺盛时，社会资源向智能手机制造行业倾斜，使该行业能够获得足够的人力、物力和财力支持，从而生产出满足市场需求的产品，这就是配置效率发挥作用的过程。

（二）效益

效益关注的是经济活动所带来的实际成果和价值，它不局限于产出的数量，更强调产出的质量和对社会经济的积极影响。经济效益是常见的衡量维度之一，企业通过销售产品或提供服务获得的收入，扣除生产经营过程中的各项成本后所剩余的利润，便是经济效益的直观体现。例如，一家科技公司研发并推出一款创新性的软件产品，凭借其卓越的性能和用户体验迅速占领市场，为公司带来了丰厚的销售收入。同时，由于产品研发过程中的成本控制得当，公司获得了可观的利润，这便是经济效益良好的例证。

除了经济效益，社会效益同样重要。一些基础设施建设项目，如高速公路、铁路等，虽然从短期来看，直接的经济效益可能并不显著，但它们极大地改善了地区的交通状况，促进了区域间的交流与合作，带动了周边地区的经济发展，创造了大量的就业机会，对社会的整体发展产生了深远的积极影响，这便是社会效益的具体体现。

（三）公平

公平在经济管理中是一个多维度的概念，涵盖起点公平、过程公平和结果公平。起点公平强调每个人在参与经济活动时，都应拥有平等的机会和资源。例如，在教育领域，确保每个孩子都能接受基本的教育，不因家庭背景、性别等因素而受到歧视，为他们未来参与经济活动奠定平等的基础，这便是起点公平的体现。

过程公平关注的是经济活动过程中的规则平等和公正。在市场竞争中，所有企业都应遵守相同的法律法规和市场规则，不得通过不正当手段获取竞争优势。例如，政府通过出台反垄断法等法律法规，打击垄断企业的不正当竞争行为，维护市场的公平竞争环境，保障所有企业公平竞争，这就是过程公平的体现。

结果公平则侧重于经济活动结果的合理分配。它并不意味着每个人获得完全相同的收入，而是在考虑个体差异和贡献的基础上，实现收入分配的相对公平。

例如，通过税收政策和社会保障制度，对高收入群体征收较高的税款，将这些资金用于改善低收入群体的生活条件，提供基本的医疗、教育和住房保障，缩小贫富差距，促进社会的公平和谐，这便是结果公平的体现。

（四）效率、效益与公平的关系

效率、效益与公平之间既相互促进，又存在一定的矛盾。从促进的方面来看，提高效率往往能够增加经济效益，为实现公平提供物质基础。当企业通过提高生产效率，降低生产成本，增加利润后，不仅可以为员工提供更好的福利待遇，还可以通过纳税等方式为社会做出贡献，政府可以利用这些税收收入提高社会福利，促进公平。同时，公平的社会环境有助于激发劳动者的积极性和创造力，提高生产效率和经济效益。当人们感受到自己在经济活动中受到公平对待时，会更加努力地工作，为企业和社会创造更多的价值。

然而，在某些情况下，效率、效益与公平之间也会产生矛盾。例如，为了追求短期的经济效益，企业可能会采取一些牺牲公平的行为，如过度压榨员工的劳动价值，降低产品质量等。这些行为虽然在短期内可能提高了企业的利润，但从长远来看，会损害员工的利益，破坏市场的公平竞争环境，影响社会的稳定和可持续发展。同样，过于强调公平，可能会导致平均主义，削弱人们的工作积极性和创新动力，从而降低生产效率和经济效益。

因此，在经济管理实践中，需要在效率、效益与公平之间寻求平衡，制定合理的政策和制度，以实现经济的持续健康发展和社会的公平和谐。

二、市场机制与政府调控的关系分析

在经济发展过程中，市场与政府作为影响经济运行的两大关键调节力量，各自发挥着独特且重要的作用。市场凭借价格信号、竞争和供求机制，自发引导资源配置；而政府则通过政策工具，矫正市场失灵、稳定经济周期、促进社会公平。对二者关系的深入剖析，是理解现代经济运行规律，制定科学合理经济政策的基石，对推动经济高质量发展具有极为重要的理论与实践价值。

（一）市场机制：经济运行的“无形之手”

市场机制是市场经济的核心组成部分，主要由价格机制、供求机制和竞争机制构成。这三大机制相互依存、相互影响，在理想的市场经济环境中，它们如同精密的齿轮，协同运作，推动资源实现最优配置。

1．价格机制

价格机制堪称市场机制的灵魂，它在市场经济中发挥着核心调节作用。在市场中，商品和服务的价格由供求关系动态决定。当某种商品的需求大幅增加，而供给相对短缺时，价格会迅速上升。价格的上涨向生产者传递积极的信号，刺激他们扩大生产规模，吸引更多资源流入该领域。与此同时，消费者因价格上升，会减少对该商品的购买，转而寻求替代品。例如，随着人们健康意识的提升，对有机食品的需求日益旺盛，有机食品价格随之上涨。这促使农民加大对有机农业的投入，增加有机食品的生产；而消费者则会根据价格变化，适当调整购买量，寻求性价比更高的健康食品，从而使市场逐渐达到新的供求平衡。

2．供求机制

供求机制与价格机制紧密相连，是市场实现自我调节的重要机制。当市场上的商品供大于求时，商品堆积，价格下跌，生产者为避免损失，会主动缩小生产规模。反之，当市场供不应求时，商品短缺，价格上升，生产者会扩大生产规模。以服装市场为例，每到换季时期，上一季的服装往往供过于求，商家为了清理库存，会通过打折促销等方式降低价格。这一举措既能吸引消费者购买，减少库存积压，又能促使生产者调整生产计划，减少该类服装的生产。

3．竞争机制

竞争机制是市场机制的活力源泉，它促使企业不断提高生产效率，降低成本，改进产品质量和提升服务水平。在充分竞争的市场环境下，企业为了在激烈的竞争中脱颖而出，必须不断进行技术创新、管理创新和商业模式创新。以智能手机市场为例，各大手机品牌为争夺市场份额，纷纷加大研发投入，推出具有更高性能、更优设计和更多功能的手机产品。同时，企业通过优化供应链管理、降低生产成本，提高产品的性价比，从而推动整个行业的技术进步和服务升级。

（二）政府调控

尽管市场机制在资源配置中发挥着基础性作用，但市场并非万能，在某些情况下会出现市场失灵的现象。此时，政府调控作为弥补市场缺陷的重要手段，成为保障经济稳定运行和社会公平的关键力量。

1．市场失灵的表现

市场失灵主要表现在垄断、外部性、公共物品供给不足和信息不对称等方面。垄断企业凭借其市场支配地位，限制产量、提高价格，获取超额利润，严重损害消费者利益和市场效率。例如，一些大型互联网平台通过并购等手段占据垄断地位，限制竞争对手进入，阻碍了市场的公平竞争。外部性是指一个经济主体的行为对其他经济主体产生的非市场性影响，分为正外部性和负外部性。企业生产过程中产生的环境污染就是典型的负外部性，企业在追求自身利益最大化的过程中，往往忽视了对环境造成的负面影响，导致社会成本增加。公共物品具有非排他性和非竞争性，市场机制难以有效提供，如国防、公共卫生等。信息不对称则会导致市场交易双方掌握的信息不一致，影响市场的公平性和资源配置效率，如在保险市场，保险公司与投保人之间存在信息不对称。

2．政府调控的政策工具与实施策略

为应对市场失灵，政府可运用多种政策工具进行调控。政府可通过提供国防、基础设施建设等公共物品，调节资源配置；通过政府补贴和税收工具矫正外部性；通过累进税率矫正收入分配差距。此外，政府还可以通过制定法律法规，加强市场监管，规范市场秩序，打击垄断和不正当竞争行为，保护消费者权益。

（三）市场机制与政府调控的协同

在现代经济管理中，市场机制和政府调控并非相互对立，而是相辅相成的关

系。只有实现二者的有机结合，才能充分发挥各自的优势，推动经济持续健康发展。

1．合理界定政府与市场的边界

明确政府与市场的职能边界，是实现二者协同的前提。在市场机制能够有效发挥作用的领域，政府应减少行政干预，充分发挥市场的决定性作用，让市场在资源配置中发挥主导作用。而在市场失灵的领域，政府应积极履行职责，弥补市场缺陷。例如，在科技创新领域，政府可以加大对基础研究的投入，为企业创新提供良好的科研环境和技术支持；但在应用技术研发和产品创新环节，应充分发挥企业的主体作用，让市场机制引导资源配置。

2．构建有效的协同机制

为实现市场机制与政府调控的有效协同，需要构建一套科学合理的协同机制。政府在制定经济政策时，应充分考虑市场的反应和承受能力，避免政策对市场造成过大冲击。同时，政府应加强对市场运行的监测和分析，根据市场变化及时调整政策。此外，政府还应积极引导市场主体参与政策制定过程，提高政策的科学性和可行性。例如，在制定产业政策时，政府可以广泛征求企业、行业协会等市场主体的意见，了解市场需求和行业发展趋势，使政策更加符合实际情况。

第三节 经济发展水平的衡量

在研究经济发展水平的过程中，掌握其衡量方法与相关指标是分析经济发展规律的重要前提。然而，随着经济社会的发展，传统的经济指标在反映经济发展的质量和可持续性方面，逐渐暴露出一些局限性。下面，我们将重点分析国内生产总值（GDP）、国民生产总值（GNP）等传统经济指标在应用中的局限性和新指标体系的构建。

一、GDP、GNP 等传统经济指标的应用局限性

GDP 和 GNP 作为衡量经济发展规模和水平的重要指标，在经济分析和政策制定中被广泛应用。但随着经济社会的多元化发展，它们在全面反映经济发展质量和社会福利变化方面的局限性日益凸显。

（一）未能反映经济活动的社会成本

1．未能反映环境破坏与资源损耗

GDP 和 GNP 只关注经济活动所创造的价值，而忽视了经济活动对环境和自然资源造成的破坏。例如，某地区为了发展工业，大力兴建化工企业。在核算 GDP 时，化工企业的产出被计入其中，推动了 GDP 的增长。然而，这些企业在生产过程中排放大量的废水、废气和废渣，对当地的生态环境造成了严重破坏。河流被污染，土壤质量下降，空气质量恶化，这些环境成本并未在 GDP 和 GNP 中得到体现。长此以往，不仅影响当地居民的生活质量，还可能制约该地区未来的经济发展。

2．未能反映社会负面影响

部分经济活动虽然能带来经济效益，但可能对社会产生负面影响，而这些影响同样未在 GDP 和 GNP 中得到反映。以博彩业为例，博彩业的发展可以增加税收，带动相关产业发展，从而推动 GDP 增长。但博彩业也可能引发赌博成瘾、家庭破裂、犯罪率上升等社会问题，这些社会成本并未从 GDP 中扣除。这使 GDP 在衡量经济发展时，可能夸大了实际的经济福利。

（二）无法体现经济增长的分配效应

1．无法体现贫富差距问题

GDP 和 GNP 只反映了经济活动的总量，无法反映经济增长的成果在不同群体之间的分配情况。一个国家或地区的 GDP 持续增长，并不意味着全体居民的生活水平都得到了同等程度的提高。例如，在一些发展中国家，经济增长

主要依赖于少数大型企业和高收入群体。这些企业和群体在经济增长中获得了大部分收益，而普通劳动者的收入增长缓慢，贫富差距不断扩大。在这种情况下，GDP 的增长并不能真实反映社会整体的经济发展水平和居民的生活质量。

2. 无法体现区域发展差距

同样，GDP 和 GNP 也无法体现区域之间的发展差距。一些发达地区的 GDP 增长迅速，而一些落后地区的经济发展则相对滞后。如果只关注全国或地区的 GDP 总量，就可能忽视区域发展不平衡的问题，无法为制定针对性的区域发展政策提供准确依据。

（三）忽视非市场活动

1. 忽视家务劳动与志愿者服务

在日常生活中，许多非市场活动对社会具有重要价值，但由于这些活动不通过市场交易，因此未被计入 GDP 和 GNP。例如，家庭主妇在家中承担的家务劳动，包括做饭、打扫卫生、照顾老人和孩子等，为家庭和社会提供了重要的服务。志愿者参与的社区服务、环保活动等，也为社会做出了贡献。这些非市场活动虽然没有产生直接的货币交易，但对社会的稳定和发展具有不可替代的作用，而 GDP 和 GNP 却未能将其价值纳入核算范围。

2. 忽视地下经济活动

地下经济是指未被官方统计的经济活动，包括非法经济活动和一些为了逃避税收而未申报的合法经济活动。这些地下经济活动在许多国家和地区都广泛存在，其规模难以准确估算。由于地下经济活动未被计入 GDP 和 GNP，这些指标无法真实反映经济活动的全貌。

（四）不能准确反映产品和服务的质量变化

1. 不能准确反映技术进步与产品升级

随着科技的不断进步，产品和服务的质量不断提高。然而，在核算 GDP 和

GNP 时，往往只关注产品和服务的数量，而忽视了质量的提升。例如，智能手机的功能越来越强大，从最初的通话、短信功能，发展到如今具备拍照、上网、支付等多种功能。虽然智能手机的价格可能没有大幅上涨，甚至有所下降，但消费者获得的实际价值却大幅提升。在这种情况下，GDP 和 GNP 可能无法准确反映消费者福利的增加。

2．不能准确反映服务质量提升

在服务业，服务质量的提升同样难以在 GDP 和 GNP 中得到充分体现。以医疗服务为例，随着医疗技术的进步和服务理念的转变，患者能够享受到更加优质、高效的医疗服务。但由于医疗服务价格受到政府管制等因素的影响，可能无法完全反映服务质量的提升，从而导致 GDP 和 GNP 对医疗服务业发展的衡量存在偏差。

二、综合考虑社会进步与环境影响的新指标体系

在全球经济快速发展的同时，传统经济指标体系暴露出诸多弊端，难以全面反映经济、社会与环境的协调发展。单纯聚焦经济增长的 GDP、GNP 等指标，忽视了社会进步和环境影响的重要性，无法满足可持续发展的需求。为了更科学地衡量经济发展的质量，综合评估社会福利和环境状况，一系列综合考虑社会进步与环境影响的新指标体系应运而生。这些新指标体系不仅有助于决策者制定更全面、更合理的经济政策，也为社会各界提供了观察经济发展的全新视角。接下来，我们将对这些新指标体系展开深入探讨。

（一）绿色 GDP：将环境成本纳入考量

传统 GDP 在核算过程中忽略了经济活动对环境的破坏，绿色 GDP 的提出旨在弥补这一缺陷，为经济发展提供更真实的衡量标准。

1．绿色 GDP 的概念与计算方法

绿色 GDP 是在传统 GDP 的基础上，扣除经济活动对环境造成的资源耗减成

本和环境退化成本后的剩余国内生产总值。计算绿色 GDP，首先要对自然资源进行定价，估算出经济活动中自然资源的耗减价值，如森林砍伐、矿产开采等造成的资源损失。其次，需要评估环境污染带来的经济损失，包括水污染、大气污染、土壤污染等对生态系统和人类健康的损害。以某工业城市为例，在计算绿色 GDP 时，需要统计该城市工业生产过程中消耗的能源及排放污染物对环境造成的损失。从传统 GDP 中扣除这些环境成本，才能得到更准确地反映经济发展与环境关系的绿色 GDP 数值。

2. 绿色 GDP 的实践与挑战

一些国家和地区已经开展了核算绿色 GDP 的实践。挪威自 20 世纪 70 年代起，就开始对石油、森林等自然资源进行核算，并将其纳入国民经济核算体系。芬兰也建立了自然资源核算框架，对森林资源、水资源等进行系统评估。然而，绿色 GDP 核算在实际操作中面临诸多挑战。一方面，环境成本的量化难度较大，不同类型的环境损害缺乏统一的评估标准，如生物多样性减少带来的经济损失难以精确估算。另一方面，数据收集和整理的成本较高，需要多个部门协同合作，对技术和人员的要求也比较高。

（二）人类发展指数：反映人类发展水平

人类发展指数（HDI）突破了单纯经济指标的局限，从人的角度出发，衡量一个国家或地区在人类发展方面取得的成就。

1. HDI 的构成与计算

HDI 由三个维度的指标构成：健康长寿、知识获取和体面生活水平。健康长寿通过出生时预期寿命来衡量；知识获取由平均受教育年限和预期受教育年限两个指标构成；体面生活水平则以人均国民总收入来反映。计算 HDI 时，先对每个维度的指标进行标准化处理，然后通过加权平均的方法得到最终的 HDI 数值。例如，某国国民出生时预期寿命为 75 岁，平均受教育年限为 10 年，预期受教育年限为 14 年，人均国民总收入为 20000 美元。通过特定的计算方法，可以得出该国的 HDI 数值，直观反映该国在人类发展方面的水平。

2. HDI的优势与不足

HDI的优势在于它综合考虑了经济、社会和人类发展的多个方面，避免了单纯以经济增长衡量发展水平的片面性。它强调了人的核心地位，关注人类的基本需求和能力提升。然而，HDI也存在一些不足。它对指标的选取相对简单，无法全面反映社会发展的复杂性。例如，HDI没有考虑到收入分配的公平性、性别平等及环境可持续性等重要因素。

（三）生态足迹：衡量人类对自然的影响

生态足迹通过量化人类对自然资源的需求和生态系统的供给，评估人类活动对生态环境的影响程度。

1. 生态足迹的原理与计算方法

生态足迹的基本原理是将人类的各种消费活动转化为生产这些消费品所需的生物生产面积。计算生态足迹时，需要统计一个国家或地区在能源消耗、食物消费、住房等方面的情况，将其换算成相应的生物生产面积，如耕地、林地、草地等。同时，还需要计算生态承载力，即一个地区所能提供的生物生产面积。两者相比较，就可以得出该地区的生态足迹状况。比如，某地区人均能源消耗较大，通过计算其能源消耗对应的生物生产面积，结合该地区的人均生态承载力，可以判断该地区是否处于生态超载状态。

2. 生态足迹在可持续发展评估中的应用

生态足迹为评估地区的可持续发展提供了直观的依据。当一个地区的生态足迹超过生态承载力时，表明该地区的发展模式不可持续，对自然资源的消耗超出了生态系统的承受能力。例如，一些发达国家的人均生态足迹远高于发展中国家，反映出其对全球资源的过度消耗。通过对生态足迹的分析，决策者可以制定针对性的政策，引导经济可持续发展，如推广节能减排技术、发展循环经济等。

（四）社会进步指数：全面反映社会发展状况

社会进步指数（IPS）从社会需求出发，对一个国家或地区的社会进步程度进行综合评估。

1. IPS 的指标体系

IPS 涵盖基本人类需求、福祉基础和机会三个维度，包括营养与基本医疗保健、水与卫生设施、住房、个人安全、教育与知识获取、健康与福祉、环境保护、个人权利与自由、包容性与社会公平等多方面的指标。每个指标都经过科学的筛选和权重分配，以确保能够全面、准确地反映社会进步的程度。

2. IPS 的应用价值

IPS 为政府、企业和社会组织提供了一个全面了解社会发展状况的工具。通过对 IPS 各项指标的分析，决策者可以发现社会发展中的薄弱环节，制定相应的政策措施。例如，在 IPS 评估中发现某地区教育与知识获取指标得分较低，政府可以加大对教育的投入，改善教育资源分配，提高教育质量，从而推动社会进步。

这些综合考虑社会进步与环境影响的新指标体系，从不同角度弥补了传统经济指标的不足，为我们认识经济发展水平提供了更全面的视角。在实际应用中，应根据具体需求和目标，合理选择和运用这些指标，推动经济、社会和环境的协调发展。

第四节　经济发展的关键因素与驱动力分析

经济发展是一个复杂且多元的过程，受到诸多因素的交互影响。在全球经济格局不断演变的背景下，深入探究经济发展的关键因素与驱动力，不仅有助于我们理解经济增长的内在机制，还能为各国制定科学合理的经济政策提供理论依据。从微观企业的创新活动，到宏观层面的政策导向，诸多要素共同推动着经济的前行。

一、技术创新、教育水平与人力资本积累

在影响经济发展的众多因素中，技术创新、教育水平与人力资本积累占据着核心地位。它们相互关联、相互促进，构成了经济持续增长的强大动力。

（一）技术创新

技术创新作为经济发展的第一生产力，能够显著提升生产效率，推动产业升级，创造新的市场需求，从而为经济增长注入源源不断的活力。

1. 提升生产效率

技术创新通过改进生产工艺、引入新的生产设备和管理模式，大幅提升生产效率。以汽车制造业为例，亨利·福特发明的流水线生产技术，极大地提高了汽车的生产速度。在流水线生产模式下，汽车生产的过程被分解为多个标准化的工序，每个工人只需专注于一项特定任务，这不仅减少了生产时间，还降低了生产成本。相比传统的手工生产方式，流水线生产使汽车产量大幅增加，价格大幅下降，让汽车从奢侈品变为大众消费品，推动了汽车产业的蓬勃发展，同时也带动了相关产业的协同发展，如钢铁、橡胶、玻璃等行业，为经济增长作出了巨大贡献。

2. 推动产业升级

新技术的出现往往会催生新的产业，同时促使传统产业向高端化、智能化方向发展。以信息技术产业为例，计算机和互联网技术的发明和普及，不仅催生了软件开发、电子商务、数字媒体等新兴产业，还对传统制造业、服务业等进行了深度改造。传统制造业通过引入自动化生产技术、物联网技术等，实现了生产过程的智能化管理，提高了产品质量和生产效率。服务业借助互联网技术，拓展了服务范围，创新了服务模式，如在线教育、远程医疗、共享经济等新型服务业态的出现，极大地改变了人们的生活方式和经济运行模式，推动了经济结构的优化升级。

3. 创造新的市场需求

技术创新能够开发出具有创新性的产品和服务，满足消费者日益多样化的需求，从而创造新的市场需求。以智能手机为例，苹果公司推出的 iPhone 系列产品，凭借其创新的设计、强大的功能和良好的用户体验，引领了全球智能手机市场的发展潮流。智能手机不仅具备传统手机的通话和短信功能，还集成了相机、音乐播放器、互联网浏览器等多种功能，满足了消费者在通信、娱乐、学习、工作等方面的多样化需求。智能手机的出现，创造了一个庞大的市场，带动了相关产业链的发展，如芯片制造、软件开发、手机配件生产等，为经济增长注入了新的动力。

（二）教育水平

教育作为培养人才、传播知识的重要途径，对经济发展具有基础性、先导性作用。教育水平的提升不仅能够提高劳动者的素质和技能，还能促进科技创新和社会进步。

1. 提高劳动者素质和技能

教育能够帮助劳动者掌握专业知识和技能，提高其生产能力和工作效率。在现代社会，随着科技的不断进步和产业结构的升级，对劳动者素质和技能的要求越来越高。通过正规教育和职业培训，劳动者能够获得相应的知识和技能，适应不同行业和岗位的需求。例如，在制造业中，高素质的技术工人能够熟练操作先进的生产设备，进行复杂的工艺流程，提高产品质量和生产效率。在服务业中，具备专业知识和良好沟通能力的服务人员，能够为客户提供优质的服务，提升客户满意度，增强企业的竞争力。

2. 促进科技创新

教育是科技创新的重要源泉，高等教育和科研机构在培养创新人才、开展科研活动方面发挥着重要作用。高校和科研机构汇聚了大量的科研人才，他们通过开展基础研究和应用研究，为科技创新提供理论支持和技术储备。同时，教育还能够培养学生的创新思维和实践能力，激发他们的创新热情和创造力。例如，许多高校的科研成果转化为实际生产力，推动了相关产业的发展。此外，教育还能够促进知识的传播和交流，加速科技成果的扩散和应用，为经济发展提供强大的科技支撑。

3．推动社会进步

教育不仅能提高劳动者的素质和技能，促进经济发展，还能推动社会进步。教育能够培养公民的道德品质、社会责任感和民主意识，提高社会的文明程度。通过教育，人们能够了解社会的发展规律和趋势，树立正确的价值观和世界观，积极参与社会事务，为社会的和谐发展作出贡献。同时，教育还能够促进不同文化之间的交流和融合，推动文化的创新和发展，丰富人们的精神生活。

（三）人力资本积累

人力资本作为一种特殊的生产要素，是指劳动者通过教育、培训、实践经验等方式获得知识、技能和健康等方面的积累。人力资本积累能够提高劳动者的生产能力和创新能力，为经济发展提供持久动力。

1．提高生产能力

人力资本积累能够使劳动者在生产过程中更加熟练地运用知识和技能，提高生产效率和产品质量。具有较高人力资本水平的劳动者，能够更好地适应复杂多变的生产环境，解决生产过程中出现的各种问题。例如，在高新技术产业中，高素质的研发人员能够开发出具有创新性的产品和技术，提高企业的核心竞争力。在传统产业中，经过专业培训的工人能够运用先进的生产工艺和管理方法，提高生产效率，降低生产成本。

2．增强创新能力

人力资本积累有助于培养劳动者的创新思维和创新能力。具有丰富知识和经验的劳动者，更容易产生创新的想法，并将其转化为实际的创新成果。在知识经济时代，创新能力是企业和国家竞争力的核心要素。国家通过加大对教育和培训的投入，培养大量具有创新能力的人才，能够推动科技创新和产业升级，为经济发展注入新的活力。例如，许多科技企业通过吸引和培养高素质的人才，开展技术创新活动，推出了一系列具有创新性的产品和服务，在市场竞争中取得了优势地位。

3．促进经济可持续发展

人力资本积累是实现经济可持续发展的重要保障。随着经济的发展，资源和环境的约束日益突出，传统的经济增长方式难以为继。通过提高劳动者的素质和技能，推动科技创新和产业升级，能够促使经济增长方式从粗放型向集约型转变，提高资源利用效率，减少环境污染，促进经济与环境的协调发展。同时，人力资本积累还能够提高劳动者的收入水平，改善民生，促进社会公平与和谐，为经济可持续发展创造良好的社会环境。

技术创新、教育水平与人力资本积累在经济发展过程中相互关联、相互促进，共同构成了经济发展的核心动力。各国应高度重视这三个关键因素，加大对科技研发、教育和人才培养的投入，为经济的持续健康发展提供坚实的支撑。

二、全球化背景下的国际贸易与投资对经济发展的影响

在全球化的大背景下，国际贸易和国际投资打破了国家间的经济壁垒，实现了资源在全球范围内的优化配置。它们如同双引擎，驱动着各国经济的发展，重塑全球经济版图。然而，这一过程也伴随着诸多风险与挑战。下面，我们将从多个维度剖析国际贸易与投资对经济发展的影响。

（一）国际贸易对经济发展的影响

国际贸易作为各国经济交流的重要方式，在推动经济增长、促进产业升级、优化资源配置等方面发挥着不可替代的作用，同时也带来了一些不容忽视的问题。

1．推动经济增长

国际贸易为各国提供了更广阔的市场空间，使企业能够突破国内市场的限制，扩大生产规模，实现规模经济。以中国制造业为例，自加入世界贸易组织以

来，中国凭借丰富的劳动力资源和完善的产业配套体系，成为全球制造业的重要生产基地。大量物美价廉的中国制造产品出口到世界各地，不仅满足了国际市场的需求，也推动了中国制造业的快速发展。制造业的繁荣带动了相关产业的协同发展，如物流、金融等，创造了大量的就业机会，促进了经济的增长。据统计，加入世界贸易组织后的十年间，中国 GDP 年均增长超过 10%，出口额年均增长约 20%，国际贸易对中国经济增长的贡献显著。

2. 促进产业升级

国际贸易促使各国依据自身的比较优势参与国际分工，推动产业结构的优化升级。通过进口先进的技术设备和中间产品，国内企业能够学习和吸收国外的先进技术和管理经验，提高自身的生产技术水平和产品质量。同时，出口竞争的压力也促使企业加大研发投入，进行技术创新，提升产品的附加值。以韩国为例，20 世纪 60 年代，韩国凭借劳动力成本优势，大力发展劳动密集型产业，通过出口劳动密集型产品积累了资金和技术。随着经济的发展，韩国逐渐加大对科技研发的投入，推动产业向技术密集型和知识密集型转变。如今，韩国在电子、汽车、半导体等高端制造业领域取得了显著成就，实现了产业的升级换代。

3. 优化资源配置

国际贸易打破了资源在地域上的限制，使各国能够充分利用自身的资源优势，实现资源的优化配置。各国根据自身的资源禀赋，生产具有比较优势的产品，然后通过贸易交换获取自身所需的产品，从而提高资源的利用效率。例如，中东地区拥有丰富的石油资源，通过出口石油，换取其他国家的工业制成品和生活必需品，实现了资源的价值最大化。而日本资源匮乏，但拥有先进的技术和管理经验，通过进口原材料，加工成高附加值的产品出口，同样实现了资源的优化配置。

4. 引发贸易摩擦

尽管国际贸易带来了诸多好处，但在实际运行过程中，也不可避免地引发了贸易摩擦。由于各国经济发展水平、产业结构和贸易政策的差异，在国际贸易中，往往会出现贸易不平衡、倾销与反倾销等问题。

（二）国际投资对经济发展的影响

国际投资包括对外直接投资和外商直接投资，对投资国和东道国的经济发展都产生了广泛而深刻的影响。

1．对投资国的影响

（1）促进产业转移与升级。随着经济的发展，投资国的劳动力成本、土地成本等不断上升，一些传统产业的竞争力逐渐下降。通过对外直接投资，投资国可以将这些产业转移到生产成本较低的地区和国家，实现产业的梯度转移。同时，投资国可以将资源集中于发展高新技术产业和高端服务业，推动产业结构的升级。以日本为例，20 世纪 80 年代以来，日本将大量劳动密集型和资源消耗型产业转移到东南亚和中国等国家和地区，自身则加大对电子、汽车、机器人等高端制造业的研发和生产，实现了产业的升级转型。

（2）获取海外资源与市场。对外直接投资有助于投资国获取海外的自然资源和市场份额。一些资源短缺的国家通过在海外投资开发自然资源，保障国内的资源供应。同时，通过在海外设立生产基地和销售网络，投资国企业可以更好地了解当地市场需求，拓展海外市场，提高企业的国际竞争力。

（3）促进就业结构调整。对外直接投资可能导致投资国国内部分产业的就业岗位减少，但同时也会促进新兴产业和服务业的发展，创造新的就业机会。随着产业的转移，一些传统产业的工人可能面临失业的风险，但在高新技术产业和高端服务业领域，对高素质人才的需求会增加。因此，投资国需要加强对劳动者的技能培训，促进就业结构的调整。

2．对东道国的影响

（1）资金与技术引进。外商直接投资为东道国带来了大量的资金，弥补了东道国在经济建设过程中的资金短缺问题。同时，外资企业在投资过程中，会带来先进的技术和管理经验，促进东道国技术水平和管理水平的提升。例如，改革开放以来，中国通过吸引大量的外商直接投资，引进了国外的先进生产技术和管理模式，推动了国内企业的技术进步和管理创新。许多外资企业在华设立研发中心，与国内企业和科研机构开展合作，促进了技术的扩散和转移。

（2）产业结构优化。外商直接投资有助于东道国优化产业结构。外资企业往往投资于东道国具有发展潜力的产业，带动相关产业的发展，促进产业结构的升级。例如，在一些发展中国家，外资企业在高新技术产业和现代服务业领域的投资推动产业结构向高端化、智能化方向发展。同时，外资企业的进入也会加剧国内市场的竞争，促使国内企业提高自身的竞争力，推动产业结构的优化。

（3）对本土产业的冲击。外商直接投资在为东道国带来机遇的同时，也可能对本土产业造成一定的冲击。外资企业凭借先进的技术、品牌和管理经验，在市场竞争中占据优势地位，可能导致本土企业市场份额下降，甚至被挤出市场。此外，一些外资企业可能通过并购等方式，控制东道国的关键产业，对东道国的产业安全构成威胁。例如，在一些行业中，外资企业通过低价竞争、品牌垄断等手段，挤压本土企业的生存空间，影响本土产业的发展。

在经济全球化背景下，国际贸易与投资对经济发展既带来了难得的机遇，也带来了诸多挑战。各国应积极参与国际贸易与投资活动，充分发挥其对经济发展的促进作用，同时采取有效的政策措施，应对可能出现的风险和挑战，实现经济的可持续发展。

第五节　技术创新、企业家精神与经济周期波动

经济的发展并非直线上升，而是在繁荣与衰退之间循环往复，形成独特的经济周期。在这一过程中，创新作为关键变量，对经济周期的形态、时长及波动幅度产生深远影响。深入研究创新驱动与经济周期波动的关

系，有助于把握经济发展的趋势，合理制定经济政策，实现经济的长期稳定增长。

一、技术创新与经济增长的长周期理论

在经济发展的长河中，技术创新如同强大的引擎，推动着经济持续发展，并引发经济增长的周期性变化。技术创新与经济增长的长周期理论，为我们理解这一复杂的经济现象提供了重要的理论框架。

（一）长周期理论的提出与发展

1. 康德拉季耶夫长波理论

20 世纪 20 年代，苏联经济学家康德拉季耶夫通过对英、美、法等国 100 多年的经济数据进行分析，首次提出了长波理论。他发现，资本主义经济发展过程中存在着一个 50 ～ 60 年的长期波动，每个长周期包含上升和下降两个阶段。在上升阶段，新技术的广泛应用推动了经济的快速增长；而在下降阶段，技术创新的动力减弱，经济增长放缓，甚至出现衰退。例如，第一次工业革命带来的蒸汽机技术，开启了长周期的上升阶段，推动了纺织、钢铁等产业的迅速发展，带动了整个经济的繁荣。随着技术扩散逐渐饱和，经济进入下降阶段，直到第二次工业革命，电力、内燃机等新技术的出现，又开启了新的长周期。

2. 熊彼特创新理论与长周期

美籍奥地利经济学家熊彼特在康德拉季耶夫长波理论的基础上，进一步将技术创新与经济周期联系起来。熊彼特认为，创新是对生产要素的重新组合，包括引入新产品、采用新生产方法、开辟新市场、发现新原料来源和建立新的企业组织形式等。创新活动具有周期性，一批创新的出现会引发经济的繁荣，随着创新的普及和市场的饱和，经济逐渐进入衰退期。当新的创新浪潮兴起时，经济又会迎来新一轮的增长。例如，信息技术革命中，计算机和互联网技术的创新催生了一大批新兴产业，如电子商务、社交媒体等，推动了经济的高速增长。当这些技

术逐渐成熟，市场竞争加剧，经济增长速度会逐渐放缓。

（二）技术创新推动长周期的机制

1. 新产业的兴起

重大技术创新往往会催生全新的产业，这些新兴产业具有巨大的发展潜力，能够带动相关产业链的发展，从而推动经济进入长周期的上升阶段。以新能源汽车产业为例，电池技术、自动驾驶技术的创新，使新能源汽车从概念走向现实。新能源汽车产业的发展不仅带动了电池制造、电机生产等上游产业的发展，还促进了充电桩建设、汽车维修等下游产业的繁荣，为经济增长注入了新的活力。

2. 生产效率的提升

技术创新能够改进生产方式，提高生产效率，降低生产成本。在制造业中，工业机器人和自动化生产线的应用，极大地提高了生产效率和产品质量。通过技术创新，企业能够以更低的成本生产更多的产品，增强市场竞争力，推动整个产业的发展，进而带动经济增长。此外，新技术的应用还能够拓展市场边界，创造新的需求，进一步促进经济的繁荣。

3. 资源配置的优化

技术创新引导资源向新兴产业和高附加值领域流动，实现资源的优化配置。在技术创新的推动下，资本、劳动力等生产要素会从传统产业向新兴产业转移。例如，随着人工智能技术的发展，大量资金和人才涌入人工智能领域，促进了该领域的快速发展。同时，传统产业也可以借助新技术进行转型升级，提高资源利用效率，实现可持续发展。

（三）长周期视角下技术创新的挑战与应对

1. 技术创新的不确定性

技术创新具有高度的不确定性，研发投入巨大且成果难以预测。许多技术在研发过程中可能遇到技术难题、市场需求变化等问题，导致研发失败。例如，一些生物制药公司在研发新药物时，需要投入大量的资金和时间，而且只有少数药物能够通过临床试验，成功推向市场。为应对这一挑战，企业和政府需要建立多元化的研发投入机制，分散研发风险。同时，加强产学研合作，整合各方资源，提高研发效率。

2. 技术创新的扩散障碍

即使一项新技术成功研发，其在市场上的扩散也可能受到各种因素的阻碍，如知识产权保护、市场垄断、消费者接受度等。例如，一些新技术产品由于价格过高，消费者难以接受，导致其市场推广缓慢。为促进技术创新的扩散，政府可以制定相关政策，加强知识产权保护的同时，鼓励技术共享和技术转让。此外，通过宣传和教育，提高消费者对新技术的认知和接受度。

3. 新旧产业的衔接

在技术创新推动经济长周期发展的过程中，新旧产业的衔接至关重要。如果旧产业衰退过快，而新产业尚未形成规模，可能会导致经济增长乏力。例如，传统煤炭产业在向新能源产业转型过程中，如果不能妥善处理好就业安置、产业衔接等问题，可能会引发社会和经济问题。因此，政府需要制定合理的产业政策，引导新旧产业有序更替，实现经济的平稳转型。

二、企业家精神与经济波动的关联性分析

在经济发展的潮起潮落中，企业家精神发挥着独特且重要的作用。它不仅是企业发展的核心动力，更是影响经济波动的关键因素。深入剖析企业家精神与经济波动的关联性，有助于理解经济运行的内在逻辑，为制定科学的经济政策提供理论支持。

（一）企业家精神的内涵与特征

1. 创新精神

创新是企业家精神的核心要素。企业家通过引入新的产品、新的生产方法、新的市场和新的组织形式，打破旧的经济秩序，创造新的商业机会。以史蒂夫·乔

布斯为例，他凭借对科技和消费者需求的深刻理解，推出了具有划时代意义的苹果系列产品，不仅改变了人们的生活方式，还推动了整个电子消费产业的创新发展。这种创新精神能够激发市场活力，带动相关产业的发展，为经济增长注入新的动力。

2．冒险精神

企业家在面对不确定性时，敢于冒险决策，将资源投入具有潜在风险的项目中。冒险精神使企业家能够抓住机遇，开拓新的市场领域。例如，埃隆·马斯克在电动汽车和太空探索领域进行了大胆的尝试。特斯拉电动汽车的成功不仅改变了汽车行业的竞争格局，还推动了全球新能源汽车产业的发展；SpaceX 实现了可重复使用火箭技术的突破，降低了太空探索的成本，开启了商业太空探索的新时代。

3．组织管理能力

企业家具备卓越的组织管理能力，能够有效地整合资源，协调团队成员，实现企业的目标。他们善于发现和培养人才，建立高效的组织架构，优化企业的运营流程。

（二）企业家精神在经济繁荣期的作用

1．推动产业升级

在经济繁荣期，企业家的创新精神和冒险精神促使他们加大对新技术、新产品的研发投入，推动产业升级。他们通过引入先进的生产技术和管理经验，提高企业的生产效率和产品质量，增强企业的市场竞争力。例如，在信息技术革命时期，众多企业家积极投身于互联网产业，推动了电子商务、社交媒体、搜索引擎等新兴产业的发展，使产业结构不断优化，经济发展迈向新的阶段。

2．创造就业机会

企业家在扩大企业规模的过程中会创造大量的就业机会。新企业的创立和现有企业的扩张需要招聘各类人才，从生产、销售到研发、管理等各个环节，为社会提供了丰富的就业岗位。例如，制造业企业在扩大生产规模时，会招聘大量的产业工人；互联网企业的发展带动了软件开发、数据分析、网络营销等新兴职业的兴起，促进了就业增长。

（三）企业家精神在经济衰退期的作用

1. 促进企业转型

在经济衰退期，市场需求萎缩，企业面临巨大的生存压力。具有创新精神的企业家能够敏锐地捕捉到市场变化，及时调整企业的发展战略，推动企业转型。他们通过开发新产品、开拓新市场，寻找新的利润增长点。例如，一些传统制造业企业在经济衰退期，通过引入智能制造技术，实现生产过程的自动化和智能化，降低生产成本，提高产品质量，成功实现了转型升级。

2. 发现新的商业机会

经济衰退期往往伴随着产业结构的调整和市场的重新洗牌，这为企业家提供了发现新商业机会的契机。具有冒险精神的企业家能够在危机中看到机遇，通过创新商业模式，满足市场新的需求。例如，在全球金融危机后，共享经济模式应运而生。企业家们通过整合资源，推出共享单车、共享办公等新服务，为消费者提供了更加便捷、经济的选择，也为经济发展注入了新的活力。

第二章　宏观经济调控与区域经济发展

将经济理论应用于实际经济活动，不仅能够解决经济运行过程中出现的各种问题，实现经济的稳定增长，还能推动产业结构的优化升级，提升经济发展的质量与效益。本章将围绕现代经济理论在宏观经济调控政策与区域经济发展方面的应用展开讨论，旨在助力读者更好地理解经济发展。

第一节　宏观经济调控政策的运用

宏观经济调控旨在通过一系列政策工具，对整个国民经济进行调节与控制，以实现经济增长、充分就业、物价稳定和国际收支平衡等宏观经济目标。货币政策和财政政策作为宏观经济调控的两大主要政策手段，在不同经济形势下发挥着关键作用。对它们的有效性进行科学评价，有助于优化政策制定与实施，提升宏观经济调控的效能。

一、货币政策、财政政策的有效性评价

货币政策和财政政策在宏观经济调控中占据核心地位，它们通过不同的传导机制影响经济运行。对其有效性的评价，需要从政策目标的实现程度、政策实施过程中的影响以及长期和短期效果等多个维度展开。

（一）货币政策的有效性评价

货币政策由一国中央银行制定并实施，通过调节货币供应量、利率等中介目

标，影响宏观经济运行。其有效性体现在多个方面。

1．稳定物价

物价稳定是货币政策的重要目标之一。在经济过热、通货膨胀压力较大时，中央银行可采取紧缩性货币政策，减少货币供应量，提高利率，抑制总需求，从而降低通货膨胀率。例如，20 世纪 80 年代，美国面临严重的通货膨胀，美联储通过大幅提高利率，实施紧缩性货币政策。联邦基金利率一度超过 20%，有效抑制了通货膨胀。经过几年的努力，美国的通货膨胀率从高位回落，稳定在较低水平，证明了货币政策在控制通货膨胀方面的有效性。然而，货币政策在稳定物价方面也存在一定局限性。货币政策从实施到产生效果存在时滞，可能导致政策实施时机不当，加剧经济波动。而且，当经济陷入流动性陷阱时，货币政策的传导机制可能失效，利率无法进一步降低，无法有效刺激经济增长和稳定物价。

2．促进经济增长

在经济衰退时期，中央银行通常会采取扩张性货币政策，增加货币供应量，降低利率，刺激投资和消费，促进经济增长。2008 年全球金融危机爆发后，多国的中央银行纷纷采取量化宽松货币政策。以日本央行为例，通过大量购买国债等资产，增加货币供应量，降低长期利率，鼓励企业投资和居民消费。尽管量化宽松政策在一定程度上刺激了日本经济增长，缓解了经济衰退的压力，但长期来看，日本经济增长依然乏力，面临通缩风险。这表明货币政策在促进经济增长方面的效果受到多种因素制约，如经济结构、市场信心等。

3．影响就业

货币政策对就业也有一定影响。扩张性货币政策刺激经济增长，带动企业扩大生产规模，从而增加就业岗位。但货币政策对就业的影响较为间接，且存在一定的不确定性。在某些情况下，企业可能将增加的资金用于技术创新和设备更新，而非扩大生产规模，导致就业岗位增加有限。此外，货币政策对不同行业和地区的就业影响存在差异，可能加剧就业结构的不平衡。

（二）财政政策的有效性评价

财政政策由政府制定，通过调整政府支出和税收等手段，影响总需求，进而实现宏观经济目标。

1．稳定经济

在经济衰退时，政府可实施扩张性财政政策，增加政府支出，减少税收，刺激总需求，促进经济复苏。2009年，为应对全球金融危机对中国经济的冲击，中国政府实施了扩张性的财政政策，加大对基础设施建设、民生工程等领域的投入。同时，实施结构性减税政策，减轻企业和居民负担。这些措施有效拉动了内需，促进了经济增长，使中国经济在全球率先实现复苏。然而，扩张性财政政策可能导致政府债务增加，给财政可持续性带来压力。在经济过热时，政府实施紧缩性财政政策，减少政府支出，增加税收，抑制总需求，防止经济过热和通货膨胀。但过度的紧缩性财政政策可能抑制经济增长，导致失业率上升。

2．优化资源配置

财政政策可通过调整政府投资方向和税收政策，引导资源向特定领域流动，实现资源的优化配置。例如，政府加大对教育、科技、环保等领域的投入，推动这些领域的发展，提高国家的竞争力和可持续发展能力。通过对新能源产业实施税收优惠政策，鼓励企业投资新能源项目，促进能源结构的优化。然而，在运用财政政策优化资源配置时，可能存在政府干预过度的问题，导致资源配置效率低下，滋生寻租行为。

3．调节收入分配

财政政策在调节收入分配方面发挥着重要作用。通过税收制度，对高收入群体征收较高的税收，对低收入群体给予税收优惠或补贴，缩小收入差距。例如，个人所得税采用累进税率，收入越高，适用的税率越高，有效调节了个人收入分配。同时，政府通过社会保障、转移支付等手段，保障低收入群体的基本生活需求，促进社会公平。但运用财政政策调节收入分配时，可能存在政策执行不到位、监管不力等问题，影响政策效果。

货币政策和财政政策在宏观经济调控中各有优劣，其有效性受到多种因素的影响。在实际应用中，需要根据不同的经济形势，合理搭配使用货币政策和财政政策，充分发挥二者的协同效应，以实现宏观经济目标，推动经济持续健康发展。

二、经济周期波动中的宏观调控策略

在经济发展的漫长历程中，经济周期波动宛如大海的浪潮，深刻影响着各国经济的兴衰。从繁荣到衰退，再到复苏与扩张，经济周期的各个阶段给企业经营、就业状况、物价水平等带来显著变化。面对经济周期波动带来的挑战，政府运用宏观调控策略进行干预，旨在熨平经济波动，实现经济的稳定增长、充分就业及物价稳定。

经济周期的波动给宏观经济管理带来了诸多挑战，要求政府根据经济形势的变化，灵活运用各种宏观调控策略。这些策略主要包括财政政策、货币政策等，它们相互配合，共同应对经济周期不同阶段的问题。

（一）繁荣阶段的宏观调控策略

在经济繁荣阶段，经济增长速度较快，投资和消费旺盛，市场需求持续扩张。然而，过度的繁荣可能引发通货膨胀、资产泡沫等问题，威胁经济的可持续发展。因此，政府在这一阶段通常会采取适度从紧的宏观调控策略。

1．财政政策

政府可实施紧缩性财政政策，减少政府支出，增加税收。削减对基础设施建设等项目的投资，降低政府购买规模，直接减少社会总需求。同时，提高企业所得税和个人所得税税率，减少企业和居民的可支配收入，抑制投资和消费需求。以美国为例，20 世纪 90 年代，美国经济处于繁荣期，为防止经济过热，政府削减了部分不必要的财政支出，并对高收入群体提高税率。这一举措在一定程度上抑制了总需求的过度增长，避免了通货膨胀的加剧，维持了经济的稳定增长。

2．货币政策

中央银行采用紧缩性货币政策，通过公开市场业务、提高法定存款准备金率和再贴现率等手段，减少货币供应量，提高利率。在公开市场上，中央银行出售国债等债券，回笼货币资金；提高法定存款准备金率，迫使商业银行减少贷款发放；提升再贴现率，增加商业银行的融资成本，进而收缩信贷规模。例如，在房地产市场过热时期，一些国家的中央银行通过提高利率，增加购房者的贷款成本，抑制房地产市场的过度投机行为，防止房地产泡沫的进一步扩大。

（二）衰退阶段的宏观调控策略

当经济进入衰退阶段，经济增长放缓，失业率上升，市场需求萎缩。政府的首要任务是刺激经济复苏，增加就业机会，恢复市场信心。为此，政府通常会采取扩张性的宏观调控策略。

1．财政政策

实施扩张性财政政策，增加政府支出，减少税收。加大对基础设施建设的投入，如修建公路、桥梁、铁路等，带动相关产业发展，创造大量的就业岗位。同时，通过减免企业税收，降低企业经营成本，鼓励企业扩大生产和投资。2008 年全球金融危机爆发后，中国政府采取积极的财政政策，将资金重点投向铁路、公路、机场等基础设施建设领域，以及民生工程和生态环保项目。这一举措有效拉动了内需，促进了经济增长，缓解了就业压力，帮助中国经济率先走出衰退。

2．货币政策

中央银行采取扩张性货币政策，增加货币供应量，降低利率。通过公开市场操作买入国债等债券，释放货币资金；降低法定存款准备金率和再贴现率，增加商业银行的可贷资金，鼓励商业银行扩大信贷规模。以日本为例，在经济长期衰退期间，日本银行多次降低利率，实施量化宽松政策，大量购买国债和其他金融资产，增加货币供应量，刺激投资和消费，试图推动经济复苏，这些政策在一定程度上缓解了经济衰退的压力。

（三）复苏阶段的宏观调控策略

在经济复苏阶段，经济开始走出衰退，市场信心逐渐恢复，投资和消费需求有所回升。政府在这一阶段的宏观调控策略应在继续保持一定政策支持力度的同时，适时调整政策方向，为经济的可持续发展奠定基础。

1．财政政策

保持对基础设施建设等领域的适度投入，巩固经济复苏的成果。同时，调整财政支出结构，加大对科技创新、教育、医疗等领域的支持，推动产业升级和经济结构调整。例如，政府设立专项基金，支持企业开展科技创新活动，提高企业的核心竞争力；加大对教育和培训的投入，培养高素质的劳动力队伍，为经济的可持续发展提供人才保障。

2．货币政策

维持相对宽松的货币政策环境，确保货币供应量和信贷规模能够满足经济复苏的需求。但随着经济复苏的推进，应逐步调整货币政策的力度和节奏，防止货币供应量过度增长引发通货膨胀。中央银行可以通过微调法定存款准备金率和利率等工具，引导市场利率保持在合理水平，促进金融市场的稳定运行。

（四）萧条阶段的宏观调控策略

萧条阶段是经济周期中最为严峻的时期，经济严重衰退，失业率高企，市场信心极度低迷。政府需要采取强有力的宏观调控措施，打破经济衰退的恶性循环，推动经济复苏。

1．财政政策

政府大幅增加财政支出，实施大规模的公共工程建设项目，创造更多的就业机会。同时，加大对社会保障体系的投入，提高低收入群体的收入水平，增强社会的消费能力。此外，通过税收优惠等政策，鼓励企业增加投资，扩大生产规模。在20世纪30年代的美国大萧条时期，罗斯福政府实施了一系列“新政”，包括大规模的公共工程建设、建立社会保障体系等。这些措施有效缓解了失业问题，刺激了经济复苏，为美国经济的长期发展奠定了基础。

2．货币政策

中央银行采取极端的扩张性货币政策，如零利率政策或量化宽松政策，增加货币供应量，降低企业和居民的融资成本，刺激投资和消费。然而，在萧条阶段，货币政策的传导机制可能受到阻碍，企业和居民的信心不足，导致货币政策的效果大打折扣。因此，政府需要与中央银行密切配合，综合运用财政政策和货币政策，形成政策合力，推动经济走出萧条。

除了财政政策和货币政策，政府还可以运用产业政策等手段，引导资源向特定产业流动，促进产业结构的优化升级，提高经济的抗风险能力。在经济周期波动过程中，不同的宏观调控策略相互配合、相互补充，共同服务于经济稳定和发展的目标。政府需要根据经济形势的变化，灵活调整宏观调控策略，以应对经济周期波动带来的各种挑战。

三、经济危机预警机制与政策应对

经济危机的爆发并非毫无征兆，通过构建预警机制，可提前捕捉危机信号，为政策制定者争取应对时间。而在危机爆发后，及时、有效的政策应对，能够减轻危机的负面影响，促进经济的复苏。下面我们将对经济危机预警机制的构成与运行，以及政策应对策略进行深入分析。

（一）构建经济危机预警机制的理论基础

经济危机预警机制的构建，依托于一系列经济理论，这些理论为预警指标的选取和模型的构建提供了方向。

1. 经济周期理论

经济周期理论认为，经济发展存在周期性波动，经历繁荣、衰退、萧条和复苏四个阶段。通过对经济周期的研究，能够预测经济发展的趋势，判断经济是否即将进入衰退阶段。例如，基于熊彼特的创新理论，创新活动的周期性会引发经济周期的波动。当创新浪潮消退，经济可能进入衰退期，这为构建预警机制提供了理论参考，提示关注创新活跃度等相关指标。

2. 金融脆弱性理论

金融体系在经济运行中扮演着重要角色，金融脆弱性理论指出，金融体系本身具有内在的不稳定性。在经济繁荣时期，信贷扩张、资产价格泡沫等现象容易积累金融风险，当风险达到一定程度，可能引发金融危机，进而导致经济危机。如明斯基的金融不稳定假说，强调了金融市场的顺周期性，为预警机制中对金融指标的监测提供了理论依据，关注信贷规模、资产负债率等指标，能有效识别金融体系的脆弱性。

（二）经济危机预警指标体系

构建全面、科学的预警指标体系是经济危机预警机制的核心。预警指标涵盖宏观经济、金融市场、企业经营等多个层面。

1. 宏观经济指标

GDP 增长率是反映经济增长态势的关键指标，GDP 增长率持续下滑可能预示着经济进入衰退期。通货膨胀率过高或过低，都可能引发经济失衡，如恶性通货膨胀会破坏经济秩序，通货紧缩则会抑制消费和投资。失业率上升，表明经济中就业机会减少，企业生产规模收缩，可能是经济危机的前兆。例如，在 2008 年金融危机前夕，美国 GDP 增长率持续下降，失业率不断攀升，为危机的爆发敲响了警钟。

2. 金融市场指标

利率是金融市场的重要信号，利率的大幅波动可能影响企业和个人的融资成本，进而影响投资和消费。汇率的剧烈波动会影响国际贸易和国际资本流动，对开放型经济造成冲击。股票市场指数的暴跌往往是金融市场危机的重要表现，如1929年美国股市的大崩盘，引发了全球经济大萧条。债券市场的违约率上升表明企业融资环境恶化，金融风险加剧。

3．企业经营指标

企业的盈利能力是其生存和发展的基础，利润率的下降可能意味着企业面临市场竞争加剧、成本上升等问题。资产负债率过高表明企业债务负担沉重，偿债风险较大。存货周转率下降说明企业产品销售不畅，库存积压严重，可能导致资金链断裂。这些指标的恶化都可能引发企业经营危机，进而影响整个经济体系的稳定。

（三）经济危机预警模型

预警模型是将预警指标进行量化分析，预测经济危机发生可能性的工具。常见的预警模型有以下三种。

1．统计预警模型

该模型通过对历史数据的统计分析，找出经济危机发生时各指标的变化规律，建立预警指标与经济危机之间的统计关系。例如，运用主成分分析、因子分析等方法，对多个预警指标进行降维处理，提取主要信息，构建预警指数。当预警指数超过一定阈值时，发出危机预警信号。

2．计量经济模型

基于经济理论和经济数据，建立计量经济模型，描述经济变量之间的关系。通过对模型参数的估计和检验，预测经济危机的发生概率。如建立向量自回归模型（VAR），分析多个经济变量之间的动态关系，预测经济走势。当模型预测结果显示经济可能出现衰退时，及时发出预警。

3．人工智能模型

随着大数据和人工智能技术的发展，人工智能模型在经济危机预警中得到广泛应用。如神经网络模型、支持向量机模型等，能够处理复杂的非线性关系，挖掘数据中的潜在信息。这些模型通过对大量历史数据的学习，建立预警模型，提高预警的准确性和及时性。

（四）经济危机的政策应对策略

在经济危机爆发后，政府需要采取一系列政策措施，稳定经济局势，促进经济复苏。

1．财政政策

扩张性财政政策是应对经济危机的重要手段。政府通过增加财政支出，如加大基础设施建设投入，能够直接创造就业机会，带动相关产业发展，促进经济增长。同时，政府可以减少税收，降低企业和个人的负担，刺激消费和投资。例如，在2008年金融危机后，美国政府实施了大规模的财政刺激计划，加大对交通、能源等基础设施的投资，同时推出减税政策，有效缓解了经济衰退的压力。

2．货币政策

货币政策在应对经济危机中也发挥着重要作用。中央银行可以通过降低利率，降低企业和个人的融资成本，刺激投资和消费。同时，中央银行可以通过量化宽松政策，增加货币供应量，为市场提供充足的流动性，缓解金融机构的资金压力，稳定金融市场。例如，日本央行为应对经济衰退，长期实施低利率政策，并多次进行量化宽松操作，对稳定经济发挥了一定作用。

3．产业政策

产业政策能够引导资源向关键产业和新兴产业流动，促进产业结构调整和升级。在经济危机期间，政府可以加大对战略性新兴产业的支持力度，培育新的经济增长点。同时，政府可以通过产业扶持政策，帮助传统产业转型升级，提高产业竞争力。例如，我国在应对经济危机时，出台了一系列产业政策，推动新能源、人工智能等新兴产业的发展，促进了产业结构的优化升级。

4. 国际合作

在经济全球化的背景下，经济危机往往具有全球性影响。因此，国际合作在应对经济危机中至关重要。各国政府可以通过加强对宏观经济政策的协调，共同应对全球性挑战。

第二节 促进社会公平的工具与政策

一、收入分配差距的测度与调控工具

在追求经济发展的过程中，如何实现社会公平，推动经济包容性增长，已成为全球关注的焦点。收入分配作为联结生产与消费的关键环节，其公平与否直接影响着社会公平的实现程度及经济的可持续发展。过大的收入分配差距不仅会引发社会矛盾，还会制约经济的健康发展。因此，深入研究收入分配差距的测度方法，合理运用调控工具缩小差距，对构建公平、包容的社会经济环境至关重要。

收入分配差距的测度是制定有效调控政策的前提，而多样化的调控工具则为缩小收入分配差距提供了具体手段。了解这两者的原理与运用，对促进社会公平具有重要的指导作用。

（一）收入分配差距的测度方法

1. 基尼系数

基尼系数是国际上常用的衡量居民收入分配差距的指标。它基于洛伦兹曲线构建，取值范围在 0 到 1 之间。基尼系数为 0，表示居民收入分配完全平等，即每个人的收入都相同；基尼系数为 1，则表示居民收入分配绝对不平等，意味着全部收入集中在一个人手中。在实际应用中，基尼系数越接近 0，表明收入分配

越公平；越接近 1，收入分配差距越大。例如，北欧一些国家通过完善的福利制度和税收政策，将基尼系数控制在较低水平，实现了相对公平的收入分配；而部分发展中国家，由于经济结构不合理、贫富差距较大，基尼系数相对较高。

2．泰尔指数

泰尔指数从信息理论的角度出发，衡量收入分配的不平等程度。它可以将总体收入差距分解为组内差距和组间差距，有助于深入分析收入差距的构成和来源。比如，在研究城乡收入差距时，通过泰尔指数可以清晰地了解城市内部与农村内部的收入差距，以及城乡之间的收入差距对总体收入差距的贡献程度。与基尼系数相比，泰尔指数在分析群体间收入差距方面具有独特优势，能为政策制定提供更有针对性的依据。

3．五等分法

五等分法将所有居民按照收入水平从低到高排序，然后将其划分为五等份，计算每个等份的居民收入在总收入中所占的比例，以此来反映收入分配差距。通常用最高收入组与最低收入组的收入份额之比，来衡量收入分配的不平等程度。例如，如果最高收入组的收入份额是最低收入组的 10 倍，说明收入分配差距较大。这种方法简单直观，易于理解，在实际统计和政策分析中得到广泛应用。

（二）收入分配差距的调控工具

1．税收政策

税收是调节收入分配的重要工具。个人所得税通过累进税率，对高收入者征收较高比例的税，对低收入者征收较低比例的税，从而实现收入的再分配。例如，在许多国家，高收入群体的边际税率可达 40% 甚至更高，而低收入群体可能享受免税或低税率优惠。此外，财产税如房产税、遗产税等，也能对收入分配进行调节，防止财富过度集中。对拥有多套房产的高收入者征收较高的房产税，不仅可以增加财政收入，还能抑制房地产投机行为，促进财富的公平分配。

2．社会保障制度

完善的社会保障制度能为低收入群体提供基本的生活保障，缩小收入分配差距。社会保险包括养老保险、医疗保险、失业保险等，确保居民在面临生老病死、失业等风险时，能够获得一定的经济支持。社会救助则针对特困群体，提供最低生活保障、医疗救助等服务，帮助他们摆脱贫困。例如，我国的农村低保制度，为农村贫困家庭提供了基本的生活保障，有效缓解了农村的贫困问题，缩小了城乡收入差距。

3．转移支付

政府的转移支付包括一般性转移支付和专项转移支付。一般性转移支付旨在平衡地区间的财力差距，促进地区间基本公共服务均等化。专项转移支付则针对特定的项目或群体，如对教育、医疗、扶贫等领域的转移支付。通过转移支付，资金从富裕地区流向贫困地区，从高收入群体流向低收入群体，实现收入的再分配。例如，中央政府对中、西部地区的财政转移支付，有力地支持了这些地区的基础设施建设和社会事业发展，缩小了地区间的发展差距。

4．工资政策

工资政策在调节收入分配方面也发挥着重要作用。政府通过制定最低工资标准，保障劳动者的基本权益，防止企业过度压低工资。同时，鼓励企业建立合理的工资增长机制，根据企业的经济效益和劳动者的贡献，合理提高工资水平。此外，通过推行工资集体协商制度，增强劳动者在工资谈判中的地位，促进工资分配的公平合理。

（三）测度与调控的实践挑战与应对

1．数据质量问题

准确测度收入分配差距依赖于高质量的数据。然而，在实际统计过程中，存在数据遗漏、虚报等问题，影响了测度结果的准确性。例如，一些个体经营者和自由职业者的收入难以准确统计，导致收入数据不完整。为应对这一挑战，需要完善统计制度，加强对各类收入的监测和统计，利用大数据等技术手段，提高数据的质量和准确性。

2．政策协同问题

收入分配差距的调控需要多种政策工具协同配合。但在实际操作中，不同政策之间可能存在冲突或不协调的情况。例如，税收政策与社会保障政策在实施过程中，可能由于目标不一致，导致政策效果大打折扣。因此，需要建立政策协调机制，加强各部门之间的沟通与协作，确保各项政策形成合力，共同促进收入分配公平。

3．经济发展阶段适应性问题

不同的经济发展阶段，收入分配差距的特点和调控重点也不同。在经济发展初期，为了追求效率，可能会出现收入分配差距扩大的情况；而在经济发展到一定阶段后，就需要更加注重公平。因此，测度和调控工具的选择要与经济发展阶段相适应。例如，在经济转型时期，需要更加关注新兴产业和就业结构变化对收入分配的影响，及时调整调控政策。

二、乡村振兴与城乡融合发展机制

乡村作为国家发展的根基，其振兴程度直接关系整个社会的繁荣稳定。城乡融合发展则是打破城乡二元结构，实现资源要素在城乡间合理流动的关键路径。深入剖析乡村振兴与城乡融合发展机制，对解决城乡发展不平衡问题，推动经济社会全面进步具有重要的理论与实践价值。接下来，我们将从多个维度深入探讨乡村振兴与城乡融合发展机制。

（一）乡村振兴与城乡融合发展的内涵与意义

乡村振兴战略旨在通过产业兴旺、生态宜居、乡风文明、治理有效、生活富裕的总体要求，全面推动农村经济、社会、文化、生态等方面的发展，实现乡村的全面振兴。城乡融合发展强调打破城乡界限，促进城乡之间的要素自由流动、资源共享、产业协同和公共服务均等化，构建新型城乡关系。二者相互关联，乡村振兴是城乡融合发展的重要基础，城乡融合发展为乡村振兴提供了更广阔的空间和机遇。

推进乡村振兴与城乡融合发展，有助于缩小城乡差距，促进社会公平。通过提升农村地区的经济发展水平和公共服务质量，让广大农民共享经济发展成果，增强农民的获得感和幸福感。同时，这对推动经济可持续发展具有重要作用。农村拥有丰富的自然资源和文化资源，推进乡村振兴和城乡融合发展能够激活这些资源，培育新的经济增长点，为经济发展注入新的动力。此外，这对于维护社会稳定、巩固国家的长治久安也具有深远意义。

（二）乡村振兴与城乡融合发展面临的挑战

1. 城乡要素流动障碍

尽管近年来我国在推动城乡要素流动方面取得了一定进展，但仍然存在诸多障碍。一方面，由于城市在就业机会、收入水平、公共服务等方面具有明显优势，吸引了农村的优秀人才，农村人才流失严重，大量青壮年劳动力流向城市，导致农村劳动力短缺，人才结构失衡。另一方面，资金向农村的流入不足，金融机构对农村地区的信贷支持力度有限，农村产业发展面临融资难、融资贵的问题。此外，土地要素在城乡间的流动也受到诸多限制，制约了农村产业的规模化发展。

2. 城乡产业发展失衡

城乡产业发展存在较大差距，农村产业以传统农业为主，产业附加值低，产业链条短，缺乏市场竞争力；而城市产业以工业和服务业为主，技术含量高，附加值大。这种产业发展的失衡导致城乡居民收入差距不断扩大。同时，农村产业发展缺乏创新能力，难以适应市场需求的变化，进一步阻碍了农村经济的发展。

3．城乡公共服务差距

在教育、医疗、社会保障等公共服务方面，城乡之间存在显著差距。城市拥有优质的教育资源和医疗资源，而农村地区的教育设施落后，师资力量薄弱，医疗条件简陋，社会保障水平较低。这些差距不仅影响了农村居民的生活质量，也制约了农村地区的发展潜力。

（三）乡村振兴与城乡融合发展机制构建

1．建立健全城乡要素流动机制

打破城乡要素流动的制度性障碍，促进人才、资金、土地等要素在城乡间自由流动。在人才方面，出台优惠政策，吸引各类人才返乡创业，参与乡村振兴。例如，为返乡创业人员提供创业补贴、税收优惠等政策支持，鼓励他们在农村发展特色农业、农产品加工业和乡村旅游等产业。在资金方面，加大金融机构对农村地区的信贷支持力度，创新金融产品和服务，拓宽农村产业的融资渠道。同时，完善土地流转制度，保障农民的土地权益，促进土地的规模化经营。

2．推动城乡产业协同发展机制

优化城乡产业布局，促进城乡产业协同发展。一方面，立足农村资源优势，培育壮大特色农业产业，延长农业产业链条，提高农业附加值。例如，发展农产品精深加工，将农产品转化为高附加值的商品，增加农民收入。另一方面，推动农村第一、第二、第三产业融合发展，促进农业与旅游、文化、教育等产业的深度融合，培育新的产业业态。此外，加强城乡产业之间的协作，形成城乡产业互补的发展格局。

3．完善城乡公共服务均等化机制

加大对农村公共服务的投入，缩小城乡公共服务差距。在教育方面，加强农村教育基础设施建设，提高农村教师待遇，吸引优秀教师到农村任教，提升农村教育质量。在医疗方面，改善农村医疗条件，加强农村医疗卫生人才队伍建设，提高农村居民的医疗保障水平。在社会保障方面，完善农村社会保障体系，提高农村居民的养老、医疗等保障标准，实现城乡社会保障制度的衔接。

三、普惠金融与小微企业的融资支持

在经济发展的进程中，小微企业的发展活力对整体经济的稳定和创新至关重要。但受自身规模、信用状况等因素制约，小微企业长期面临融资难题。普惠金融作为金融创新的重要方向，致力于使金融服务普及更广泛的群体，为小微企业融资提供了新的机遇。剖析普惠金融在支持小微企业融资过程中的模式、成效与挑战，探索有效的解决路径，对推动小微企业持续发展，优化经济结构具有重要的理论与实践价值。下面，我们将从多个维度，对普惠金融与小微企业的融资支持展开分析。

（一）普惠金融与小微企业融资现状

1. 小微企业融资困境

小微企业规模较小，固定资产有限，缺乏有效的抵押物，难以满足传统金融机构的贷款要求。同时，小微企业财务制度不健全，信息透明度低，金融机构难以准确评估其信用状况和还款能力，导致金融机构对小微企业的贷款意愿较低。此外，小微企业融资需求具有“短、小、频、急”的特点，传统金融机构烦琐的审批流程难以满足其资金需求的时效性。这些因素共同导致小微企业融资难、融资贵问题突出，严重制约了小微企业的发展。

2. 普惠金融的发展

近年来，我国普惠金融取得了显著进展。政府出台了一系列政策措施，鼓励金融机构开展普惠金融业务，如定向降准、再贷款、再贴现等货币政策工具，引导金融资源向小微企业倾斜。同时，互联网金融的发展为普惠金融提供了新的技术手段，降低了金融服务的成本，提高了金融服务的效率。例如，一些互联网金融平台通过大数据、人工智能等技术，对小微企业的交易数据、信用记录等进行分析，实现了对小微企业的精准授信，为小微企业提供了便捷的融资渠道。

（二）普惠金融支持小微企业融资的模式

1. 小额信贷模式

小额信贷是普惠金融支持小微企业融资的重要模式之一。金融机构针对小微企业的特点，设计小额、短期的信贷产品，无须抵押担保，主要依据小微企业的信用状况和经营流水进行授信。例如，一些农村信用社推出的农户小额信用贷款，为农村小微企业和农户提供了便捷的融资渠道。这种模式有效解决了小微企业因缺乏抵押物而难以获得贷款的问题，满足了小微企业的短期资金需求。

2. 供应链金融模式

供应链金融以核心企业为依托，通过对供应链上的信息流、物流、资金流进行整合，为供应链上的小微企业提供融资服务。在供应链金融模式下，核心企业的信用可以向上、下游小微企业传递，降低了小微企业的融资门槛。例如，在汽车供应链中，汽车制造企业作为核心企业，与其供应商和经销商建立了紧密的合作关系。金融机构可以基于核心企业的信用和供应链上的交易数据，为供应商和经销商提供应收账款融资、存货融资等金融服务，解决小微企业在供应链运营过程中的资金周转问题。

3. 数字金融模式

数字金融借助互联网、大数据、区块链等技术，打破了传统金融服务的时空限制，为小微企业提供了高效、便捷的金融服务。数字金融平台通过对小微企业的线上交易数据、社交数据等进行分析，构建信用评估模型，实现了对小微企业的快速授信和放款。例如，蚂蚁金服旗下的网商银行，通过大数据技术，为大量小微企业提供了纯信用贷款，贷款申请、审批和放款全流程在线完成，极大地提高了融资效率。

（三）普惠金融支持小微企业融资的成效与挑战

普惠金融的发展在一定程度上缓解了小微企业的融资难题，促进了小微企业的发展。通过提供多元化的金融服务，普惠金融拓宽了小微企业的融资渠道，降低了融资成本。同时，普惠金融的发展推动了金融服务的创新，提高了金融服务的覆盖面和可得性，促进了金融资源的公平分配。此外，小微企业的发展也带动了就业增长，为经济发展做出了积极贡献。

尽管普惠金融在支持小微企业融资方面取得了一定成效，但仍面临诸多挑战。一方面，普惠金融服务的可持续性有待提高。小微企业融资业务成本高、风险大，金融机构开展普惠金融业务的积极性受到影响。部分普惠金融项目依赖政府补贴，缺乏市场竞争力，难以实现可持续发展。另一方面，数字普惠金融的发展带来了新的风险，如信息安全风险、信用风险等。此外，小微企业自身的信用意识和财务管理水平有待提高，也增加了普惠金融服务的难度。

（四）完善普惠金融支持小微企业融资的策略

1. 加强政策支持

政府应继续出台相关政策，加大对普惠金融的支持力度。通过税收优惠、财政补贴等政策手段，降低金融机构开展普惠金融业务的成本，提高其积极性。同时，完善小微企业融资担保体系，建立政府主导的融资担保机构，为小微企业提供增信服务，降低金融机构的信贷风险。

2. 创新金融产品和服务

金融机构应根据小微企业的特点和需求，创新金融产品和服务。开发适合小微企业的信贷产品，如知识产权质押贷款、科技成果转化贷款等，满足小微企业的多样化融资需求。同时，加强金融科技的应用，提高金融服务的效率和质量。例如，利用区块链技术实现供应链金融的信息共享和溯源，降低信用风险。

3. 提升小微企业自身素质

小微企业应加强自身建设，提高财务管理水平，规范财务制度，增强信息透明度。同时，树立良好的信用意识，按时还款，维护自身信用记录。此外，小微企业应加强技术创新和产品研发，提高市场竞争力，增强还款能力。

4．强化金融监管

监管部门应加强对普惠金融的监管，防范金融风险。建立健全普惠金融监管体系，明确监管职责，规范金融机构的业务行为。加强对数字普惠金融的监管，保护消费者的合法权益，防范信息泄露和欺诈风险。

第三节　区域经济发展模式与策略

在经济发展的宏大版图中，区域经济作为国民经济的重要组成部分，其发展状况直接关系国家整体经济的繁荣与稳定。区域经济管理理论为推动区域经济协调发展，实现资源的合理配置提供了理论支撑。不同区域由于地理位置、资源禀赋、产业基础等方面存在差异，在经济发展过程中逐渐形成了各具特色的发展模式。深入研究这些模式，并进行对比分析，不仅有助于各区域找准自身定位，制定科学合理的发展策略，还能为区域之间的合作与协同发展提供有益借鉴。

一、不同区域的发展模式比较研究

区域的发展模式是区域在长期发展过程中，基于自身条件和外部环境形成的独特发展路径。不同区域发展模式在产业结构、增长动力、空间布局等方面存在显著差异。通过对这些差异进行系统比较，能够更好地理解区域经济发展的内在规律，为区域经济管理提供决策依据。

（一）资源型区域发展模式

资源型区域通常拥有丰富的自然资源，如煤炭、石油、金属矿产等。这类区域在发展初期，往往依托自然资源的开发和加工，推动经济快速增长。

1．发展特点

资源型区域的产业结构较为单一，以资源开采和初级加工为主。在发展过程中，对自然资源的依赖程度较高，经济增长主要依靠资源的大规模开发和输出。例如，中东地区的一些国家，凭借丰富的石油资源，通过石油开采和出口，积累了大量财富，实现了经济的快速发展。这些国家的石油产业在国民经济中占据主导地位，其他产业相对薄弱。

2．面临挑战

然而，资源型区域发展模式也面临诸多挑战。随着资源的逐渐枯竭，经济增长可能陷入停滞。同时，资源开发过程中容易引发环境污染、生态破坏等问题，对区域的可持续发展造成威胁。此外，单一的产业结构使区域经济抗风险能力较弱，国际市场资源价格的波动会对区域经济产生较大冲击。以一些煤炭资源型城市为例，随着煤炭资源的逐渐减少，煤炭产业衰退，城市经济陷入困境，出现了失业率上升、财政收入下降等问题。

3．转型策略

为实现可持续发展，资源型区域需要进行经济转型。一方面，加大对资源深加工产业的投入，提高资源的附加值，延长产业链。例如，将煤炭资源转化为电力、煤化工产品等。另一方面，积极培育新兴产业，如发展旅游业、高新技术产业等，逐步降低对资源产业的依赖。一些资源型城市通过发展生态旅游，将废弃的矿区改造为旅游景点，既改善了生态环境，又创造了新的经济增长点。

（二）外向型区域发展模式

外向型区域以出口导向为主要特征，通过参与国际分工，充分利用国际市场和资源，推动区域经济发展。

1．发展特点

外向型区域的产业结构以制造业和服务业为主，产品和服务主要面向国际市场。这类区域通常拥有优越的地理位置、完善的基础设施和良好的投资环境，吸引大量外资企业入驻。以“亚洲四小龙”为例，在20世纪60～90年代，它们抓住发达国家产业转移的机遇，凭借廉价劳动力和优惠政策，吸引外资，发展出口加工业。通过参与国际分工，“亚洲四小龙”迅速实现了工业化，经济得到快速发展，产业结构不断优化，从以农业和轻工业为主逐步向重化工业和高新技术产业为主转变。

2．面临挑战

外向型区域发展模式也存在一定风险。国际市场的波动、贸易保护主义的抬头及汇率的变化，都会对区域经济产生影响。例如，2008年全球金融危机爆发后，国际市场需求大幅萎缩，以出口为主的外向型区域经济受到严重冲击，出口企业订单减少，生产经营困难，失业率上升。此外，长期依赖出口可能导致区域经济过度依赖外部市场，自身创新能力不足，产业升级面临困境。

3．应对策略

为应对这些挑战，外向型区域需要加强自主创新，提高产品的技术含量和附加值，增强国际竞争力。同时，积极拓展国内市场，降低对国际市场的依赖。此外，加强区域间的经济合作，共同应对贸易保护主义等外部风险。一些外向型区域通过加大对科技研发的投入，培育本土创新企业，推动产业升级，实现了经济的可持续发展。

（三）创新驱动型区域发展模式

创新驱动型区域以科技创新为核心动力，通过营造良好的创新环境，培育创新主体，推动区域经济高质量发展。

1．发展特点

创新驱动型区域拥有丰富的科技资源和高素质的人才队伍，产业结构以高新技术产业和现代服务业为主。这些区域注重创新平台建设，鼓励企业、高校和科研机构之间的合作，促进科技成果的转化和应用。以美国硅谷为例，作为全球科技创新的高地，拥有斯坦福大学、加州大学伯克利分校等世界知名高校，为硅谷提供了源源不断的创新人才和科研成果。同时，硅谷聚集了大量高科技企业，如苹果、谷歌、英特尔等，形成了完善的创新生态系统。在这个生态系统中，企业、高校、科研机构、风险投资机构等相互协作，推动了科技创新水平的快速发展，带动了区域经济的繁荣。

2．发展优势

创新驱动型区域发展模式具有较强的可持续性和竞争力。科技创新能够不断催生新的产业和商业模式，推动产业升级和经济结构优化。同时，创新型企业具有较高的附加值和盈利能力，能够创造更多的就业机会和税收收入。此外，创新驱动型区域对人才具有较强的吸引力，有利于吸引和留住高素质人才，进一步促进区域的创新发展。

3．构建要点

要构建创新驱动型区域，需要政府加大对科技研发的投入，完善知识产权保护制度，营造良好的创新环境。同时，鼓励企业加大研发投入，提高自主创新能力。此外，加强人才培养和引进，为区域创新发展提供人才保障。许多国家和地区通过出台优惠政策，吸引高端人才和创新企业入驻，推动了创新驱动型区域的发展。

（四）传统农业型区域发展模式

传统农业型区域以农业生产为主导产业，农业在区域经济中占据重要地位。

1．发展特点

这类区域的产业结构相对单一，农业生产方式较为传统，科技含量较低。农民收入主要来源于农产品的种植和销售，农村基础设施建设相对滞后。例如，一些发展中国家的农村地区，以种植粮食作物和经济作物为主，农业生产主要依靠人力和畜力，机械化和信息化水平较低。

2．面临问题

传统农业型区域发展中可能面临诸多问题，如农业生产效率低下、农产品附加值不高、农民收入增长缓慢。同时，农村基础设施薄弱，教育、医疗等公共服务水平较低，制约了区域经济的发展。此外，农业受自然因素影响较大，面临自然灾害和市场波动的双重风险。

3．发展路径

为促进传统农业型区域的发展，需要加大对农业的科技投入，推广现代化农业生产技术，提高农业生产效率。同时，发展农产品加工业，延长农业产业链，提高农产品附加值。此外，加强农村基础设施建设，改善农村公共服务水平，推动农村第一、第二、第三产业融合发展。一些地区通过发展特色农业，打造农产品品牌，发展乡村旅游等方式，实现了传统农业型区域的经济转型和农民增收。

二、城市群、经济带的形成机制与发展路径

在全球经济格局不断演变的进程中，城市群和经济带作为区域经济发展的高级形态，正发挥着越来越重要的作用。它们凭借资源集聚、产业协同和规模经济的优势，不仅推动了区域内经济的高速增长，也提升了区域在全球经济竞争中的地位。深入探究城市群、经济带的形成机制与发展路径，对于优化区域经济布局，推动区域协调发展，实现经济高质量增长具有重要的理论和实践意义。接下来，我们将从多个维度对这一主题展开剖析。

（一）城市群、经济带的形成机制

城市群和经济带的形成并非一蹴而就，而是在多种因素的共同作用下逐渐形成的。这些因素相互交织，构成了推动城市群和经济带发展的强大动力。

1．自然地理因素的基础作用

自然地理条件为城市群和经济带的形成提供了基础支撑。优越的地理位置、丰富的自然资源及适宜的气候条件，吸引着人口和产业的集聚。例如，长江三角洲城市群位于长江入海口，地势平坦，河网密布，拥有丰富的水资源和便利的水运条件。这种得天独厚的自然地理环境，使其成为我国重要的农业产区和工业基

地。早在古代，这里就因发达的农业和繁荣的商业而闻名，为城市群的形成奠定了深厚的基础。此外，自然资源丰富的地区，如矿产资源富集区，往往会吸引相关产业的发展，进而带动人口的集聚，为城市群和经济带的形成创造条件。

2. 交通通信技术的推动作用

交通和通信技术的进步极大地降低了区域间的交易成本，促进了要素的流动和集聚。便捷的交通网络，如高速公路、铁路、航空等，使人员、物资和信息能够快速、高效地流动。以京津冀城市群为例，近年来，随着京津冀协同发展战略的推进，交通一体化取得了显著成效。京津城际、京张高铁等多条铁路的开通，以及高速公路网的不断完善，大大缩短了区域内城市之间的时空距离，加强了城市之间的经济联系，推动了产业的协同发展和人口的合理流动。同时，通信技术的发展，如互联网、大数据、云计算等技术，进一步打破了地域限制，促进了信息的共享和交流，为城市群和经济带的发展提供了强大的技术支持。

3. 产业集聚与分工的核心作用

产业集聚和分工是城市群、经济带形成的核心动力。在市场机制的作用下，具有相似或关联产业的企业为了降低生产成本，提高生产效率，会逐渐向特定区域集聚。在集聚过程中，企业之间形成了紧密的产业联系，实现了专业化分工和协作。例如，珠江三角洲城市群以制造业闻名于世，这里集聚了大量的电子信息、家电、服装等产业。众多企业在产业链上各司其职，从原材料供应、零部件生产到产品组装和销售，形成了完整的产业生态系统。这种产业集聚和分工不仅提高了生产效率，降低了交易成本，还促进了技术创新和知识传播，推动了城市群和经济带的持续发展。

4. 政策制度因素的引导作用

政府的政策制度对城市群和经济带的形成和发展具有重要的引导作用。政府通过制定区域发展战略、产业政策、土地政策等，引导资源向特定区域配置，推动城市群和经济带的建设。例如，长江经济带发展战略的提出，明确了长江经济带在全国经济发展中的战略定位，为长江经济带的发展提供了政策支持。各地政府围绕这一战略，出台了一系列配套政策，加大了对基础设施建设、生态环境保护、产业升级等方面的投入，有力地推动了长江经济带的发展。

（二）城市群、经济带的发展路径

在明确了城市群和经济带的形成机制后，探索适合它们的发展路径，对于实现可持续发展至关重要。不同的城市群和经济带应根据自身的特点，选择合适的发展路径。

1．加强基础设施建设，提升区域互联互通水平

完善的基础设施是城市群和经济带发展的重要保障。一方面，要继续加大对交通、能源、水利等传统基础设施的建设力度，构建现代化的综合交通运输体系，提高能源供应保障能力，加强水资源的合理开发和利用。例如，成渝地区双城经济圈通过加快建设成渝中线高铁、成自宜高铁等重大交通项目，进一步加强了成都和重庆两大城市之间的联系，促进了区域内要素的流动。另一方面，要积极推进新型基础设施建设，如 5G 网络、数据中心、人工智能等，为城市群和经济带的数字化、智能化发展提供支撑。

2．推动产业协同发展，优化区域产业结构

产业协同发展是城市群和经济带发展的关键。各城市应根据自身的资源禀赋和产业基础，明确产业定位，加强产业分工与协作。例如，在长三角城市群中，上海作为国际经济、金融、贸易、航运和科技创新中心，发挥着龙头引领作用，重点发展高端服务业和战略性新兴产业；周边城市则根据自身优势，发展特色产业，与上海形成产业互补。同时，要推动传统产业的转型升级，加大对科技创新的投入，培育新兴产业，提高产业的竞争力和附加值。

3．强化生态环境保护，实现可持续发展

在城市群和经济带发展过程中，必须高度重视生态环境保护，实现经济发展与生态环境保护的良性互动。要加强区域内生态环境的联防联治，共同应对大气污染、水污染、土壤污染等环境问题。例如，京津冀地区通过实施大气污染防治

行动计划，加强区域内环保执法合作，共同推进工业污染源治理、机动车尾气排放控制等工作，空气质量得到了明显改善。此外，要推动绿色发展，发展循环经济，提高资源利用效率，实现可持续发展。

4．促进公共服务共享，提升区域居民生活质量

公共服务共享是城市群和经济带发展的重要目标。要加强区域内教育、医疗、文化等公共服务资源的均衡配置，推动公共服务的一体化发展。例如，粤港澳大湾区开展教育合作交流，推动高校之间的资源共享和人才培养；加强医疗卫生领域的合作，建立区域内医疗信息共享平台，提高医疗服务水平。促进公共服务共享可以提升区域居民的生活质量，增强区域的吸引力和凝聚力。

城市群和经济带的形成机制和发展路径是一个复杂的系统工程，需要综合考虑自然地理、交通通信、产业集聚、政策制度等多方面因素。只有选择合适的发展路径，才能实现城市群和经济带的可持续发展，为区域经济的繁荣做出更大贡献。

三、创新集群与区域经济发展的相互作用

创新集群作为一种特殊的产业组织形式，通过集聚创新资源，促进知识和技术的传播与应用，对区域经济发展产生了显著的协同效应。深入研究这种协同效应，对于推动区域经济创新发展，提升区域竞争力具有重要意义。

（一）创新集群的优势

1．资源共享与互补

创新集群内的企业、高校、科研机构等主体，通过共享基础设施、研发设备、人才资源等，降低了创新成本。同时，不同主体之间在技术、资金、市场等方面具有互补性，能够实现资源的优化配置。例如，高校和科研机构拥有丰富的科研资源和创新人才，能够为企业提供技术支持和创新思路；企业则具有市场渠道和资金优势，能够将科研成果转化为实际产品，实现商业化运营。

2．知识溢出效应

创新集群内企业和机构之间的频繁交流与合作，促进了知识的传播和共享。企业在与高校、科研机构的合作过程中，能够获取前沿的科研成果和技术信息；企业之间的竞争与合作，也促使知识和技术在集群内快速传播。例如，硅谷作为全球著名的创新集群，集聚了大量的高科技企业、高校和科研机构。在这里，知识和技术的溢出效应十分显著，企业之间的交流与合作推动了科技创新的不断突破。

（二）创新集群对区域经济发展的促进

1．推动产业升级

创新集群通过集聚创新资源促进技术创新和产业升级。集群内的企业在竞争与合作的环境中，不断加大研发投入，提高产品的技术含量和附加值。例如，中关村作为我国重要的创新集群，集聚了大量的高新技术企业。这些企业在信息技术、生物医药、新能源等领域取得了一系列创新成果，推动了相关产业的升级，提升了区域经济的竞争力。

2．带动区域就业

创新集群的发展能够创造大量的就业机会。随着集群内企业的不断发展壮大，对各类人才的需求也日益增加。不仅包括研发、生产等专业技术人才，还包括市场营销、企业管理等各类服务人才。例如，苏州工业园区通过发展创新集群，吸引了大量的企业入驻，为当地居民提供了大量的就业岗位，促进了区域就业增长。

（三）区域经济发展对创新集群的反哺

1．提供政策支持

区域政府为了推动创新集群的发展，会出台一系列优惠政策，如税收优惠、财政补贴、土地使用优惠等。这些政策能够降低企业的创新成本，提高企业的创新积极性。例如，多地政府设立了科技创新专项资金，对创新集群内的企业给予研发补贴，鼓励企业开展技术创新活动。

2. 完善基础设施

区域政府通过加大对基础设施的投入，为创新集群的发展提供良好的硬件环境。例如，建设科技园区、孵化器、加速器等创新载体，完善交通、通信、能源等基础设施，为企业的发展提供便利条件。

第四节　产业发展理论与政策实践

产业发展理论为理解产业演进规律提供了理论基础，而政策实践则是将这些理论应用于实际经济发展的重要手段。主导产业的选择与产业升级策略的制定，对于优化产业结构、提升产业竞争力、推动经济发展具有关键作用。

一、主导产业选择与产业升级策略

主导产业在产业结构中占据核心地位，对其他产业具有强大的带动作用。科学合理地选择主导产业，并制定有效的产业升级策略，是实现产业结构优化和经济可持续发展的关键。

（一）主导产业的内涵与特征

主导产业是指在经济发展的特定阶段，能够迅速增长，对其他产业具有广泛的关联带动作用，引领产业结构升级的产业。主导产业具有以下显著特征：

1. 高增长性

主导产业在发展初期往往呈现高速增长的态势，其增长速度明显高于其他产业。以 20 世纪 90 年代的信息技术产业为例，随着互联网技术的兴起，计算机、软件、通信等相关产业迅速崛起，产值和利润实现了爆发式增长。在这一时期，信息技术产业的年均增长率远高于传统制造业和服务业，成为推动经济增长的重要力量。

2. 强关联性

主导产业与其他产业之间存在着广泛而紧密的联系，通过前向关联、后向关联和旁侧关联，带动相关产业的发展。例如，汽车产业作为典型的主导产业，其前向关联产业包括钢铁、橡胶、玻璃等原材料生产行业，后向关联产业包括汽车销售、维修、金融等服务业，旁侧关联产业包括道路建设、加油站等基础设施行业。汽车产业的发展能够有效拉动上、下游产业的协同发展，创造大量的就业机会，对经济增长产生显著的乘数效应。

3. 技术创新性

主导产业通常是技术创新的前沿领域，能够不断引入新技术、新工艺、新方法，推动产业升级和经济发展。如近年来的新能源汽车产业，随着电池技术、自动驾驶技术的不断创新，不仅改变了汽车产业的竞争格局，还带动了充电桩、换电站等基础设施建设以及相关软件和服务的发展，成为推动产业变革和经济增长的新引擎。

（二）主导产业选择的罗斯托基准与筱原基准

1. 罗斯托基准

美国经济学家罗斯托提出，应选择具有较高的增长率和较强的扩散效应的产业作为主导产业。这些产业在发展过程中，能够通过回顾效应、旁侧效应和前向效应，带动其他产业的发展。以纺织业在工业革命时期的发展为例，纺织业的快速发展不仅带动了棉花种植、纺织机械制造等相关产业的兴起，还促进了交通运输、商业贸易等服务业的发展，成为推动英国经济增长的主导产业。

2. 筱原基准

日本经济学家筱原三代平提出了收入弹性基准和生产率上升基准。收入弹性基准要求选择收入弹性高的产业，即随着居民收入的增加，该产业产品的需求增长幅度较大。生产率上升基准则强调选择生产率上升较快的产业，这类产业能够通过技术进步和管理创新，不断提高生产效率，降低生产成本。在日本经济高速发展时期，电子、汽车等产业因其较高的收入弹性和生产率上升率，成为日本的主导产业，推动了日本经济的快速增长。

（三）产业升级策略

产业升级是指产业结构从低层次向高层次转换的过程，包括产业结构的优化和产业技术水平的提升。实施有效的产业升级策略对于提高产业竞争力、推动经济高质量发展具有重要意义。

1. 技术创新驱动

技术创新是产业升级的核心动力。企业应加大对研发的投入，积极引进和消化先进技术，开展自主创新，提高产品的技术含量和附加值。例如，华为公司在通信领域持续投入大量资金进行研发，掌握了 5G 核心技术，推出了一系列具有竞争力的通信产品和解决方案，不仅提升了自身在全球通信市场的地位，也推动了整个通信产业的升级。政府应制定相关政策，鼓励企业开展技术创新，建立产学研合作机制，促进科技成果的转化和应用。

2. 产业融合发展

推动不同产业之间的融合发展，能够催生新的产业形态和商业模式，促进产业升级。例如，互联网与传统制造业的融合，产生了工业互联网、智能制造等新业态。通过将互联网技术应用于制造业生产过程，实现生产设备的互联互通、生产过程的智能化控制，提高了生产效率和产品质量。此外，文化产业与旅游产业的融合，打造了文化旅游新业态，丰富了旅游产品的文化内涵，提升了旅游产业的附加值。

3. 政策引导支持

政府在产业升级过程中发挥着重要的引导和支持作用。政府应制定产业升级规划，明确产业发展方向，出台相关政策，如税收优惠、财政补贴、信贷支持等，引导资源向新兴产业和高端产业流动。同时，加强基础设施建设，改善营商环境，为产业升级提供良好的外部条件。例如，我国政府出台了一系列支持战略性新兴产业发展的政策，推动了新能源、新材料、生物医药等新兴产业的快速发展，促进了产业结构的优化升级。

二、政府在促进产业发展中的角色定位

产业发展是推动经济增长、提升国家竞争力的重要力量。在产业发展的漫长历程中，政府始终扮演着重要角色。随着经济全球化的深入发展和市场环境的日益复杂，政府如何找准自身在产业发展中的角色定位，有效发挥作用，成为学术界和实务界共同关注的焦点。科学合理的政府角色定位，不仅能够弥补市场失灵，优化资源配置，还能引导产业结构优化升级，促进产业的可持续发展。下面，我们将深入剖析政府在促进产业发展中的角色定位，探寻政府推动产业发展的有效路径。

（一）政策制定者：指明产业发展方向

政府作为政策制定者，通过出台一系列产业政策，为产业发展指明方向，营造良好的政策环境。

1．产业规划与战略制定

政府依据国家的经济发展目标、资源禀赋和产业基础，制定中长期产业发展规划和战略。这些规划和战略明确了重点发展的产业领域，为产业发展提供了清晰的方向指引。以我国为例，“十四五”规划提出，要培育壮大战略性新兴产业，加快发展新一代信息技术、生物技术、新能源、新材料、高端装备、新能源汽车等产业。通过明确这些重点发展领域，引导社会资源向战略性新兴产业集聚，推动产业结构优化升级。政府在制定产业规划时，还应充分考虑国际产业发展趋势和国内市场需求，确保产业规划的科学性和前瞻性。

2．产业扶持政策实施

为了推动重点产业的发展，政府会出台一系列扶持政策。税收优惠是常见的扶持政策之一，通过减免企业所得税、增值税等税费，降低企业的经营成本，提高企业的盈利能力。例如，符合国家战略的高新技术企业可适用企业所得税优惠

税率，这大大激发了企业的创新活力。财政补贴也是重要的扶持手段，政府通过为特定产业或企业提供补贴，鼓励企业加大研发投入、扩大生产规模。在新能源汽车产业发展初期，政府通过购车补贴、研发补贴等政策，推动了新能源汽车的普及和技术进步。此外，政府还会通过信贷政策，引导金融机构加大对重点产业的支持力度，为产业发展提供资金保障。

（二）市场监管者：维护产业发展秩序

市场机制在产业发展中起着基础性作用，但市场并非万能，存在着市场失灵的问题。政府作为市场监管者，通过加强市场监管，维护公平竞争的市场秩序，保障产业的健康发展。

1. 反垄断与反不正当竞争监管

垄断和不正当竞争行为会破坏市场竞争环境，阻碍产业的创新和发展。政府通过制定和执行反垄断法、反不正当竞争法等法律法规，打击垄断企业的垄断行为，防止企业通过不正当手段获取竞争优势。例如，欧盟对谷歌等科技巨头的反垄断调查，有效遏制了这些企业的垄断行为，维护了市场的公平竞争。政府还会加强对市场的日常监管，严厉查处假冒伪劣、商业欺诈等不正当竞争行为，保护消费者的合法权益，营造良好的市场环境。

2. 质量与安全监管

产品质量和生产安全关系消费者的生命财产安全和产业的可持续发展。政府通过制定质量标准和安全规范，加强对产品质量和生产安全的监管。在食品和药品领域，政府建立了严格的质量监管体系，从生产、流通到销售的各个环节进行严格把关，确保食品和药品的质量安全。在安全生产方面，政府加大对企业安全生产的监督检查力度，督促企业落实安全生产主体责任，防范和遏制各类安全生产事故的发生。

（三）公共服务提供者：夯实产业发展基础

政府作为公共服务提供者，通过提供基础设施、教育等公共服务，为产业发展提供坚实的基础支撑。

1．基础设施建设

完善的基础设施是产业发展的重要保障。政府加大对交通、能源、通信等基础设施的投入，构建现代化的基础设施网络。例如，我国大力推进高铁、高速公路、5G网络等基础设施建设，提高了物流运输效率，降低了企业的运营成本，为产业发展创造了良好的硬件条件。同时，政府还会加强产业园区的基础设施建设，吸引企业入驻，促进产业集聚发展。

2．教育与人才培养

教育是培养高素质人才的重要途径，人才是产业发展的核心要素。政府加大对教育的投入，推动教育改革，提高教育质量。通过发展高等教育，培养具有创新能力和专业技能的高端人才；通过发展职业教育，培养适应产业需求的技术人才。例如，德国的双元制职业教育模式，将企业培训与学校教育紧密结合，为德国的制造业培养了大量高素质的技术工人，为德国制造业的发展提供了有力的人才支撑。

3．科技研发支持

科技创新是产业发展的核心驱动力。政府通过加大对科技研发的投入，建立科研平台，促进科技成果转化，为产业发展提供技术支持。政府设立科研基金，鼓励高校、科研机构和企业开展前沿技术研究和关键技术攻关。例如，我国的国家自然科学基金、国家重点研发计划等，为科研人员提供了资金支持，推动了我国在人工智能、量子通信等前沿领域的研究取得重要成果。同时，政府还会加强科技成果转化服务平台建设，促进科技成果与产业需求的对接，加速科技成果的产业化应用。

（四）协调者：促进产业协同发展

在产业发展过程中，不同产业、不同地区之间存在着复杂的利益关系。政府作为协调者，通过加强产业间和区域间的协调合作，促进产业的协同发展。

1．产业间协调

政府通过制定产业政策，引导不同产业之间的协同发展。例如，推动制造业与服务业的融合发展，鼓励制造业企业向服务型制造转型，提高制造业的附加值。同时，政府还会加强对产业链上、下游企业的协调，促进产业链的稳定和优化。在半导体产业中，政府通过引导芯片设计、制造、封装测试等环节的企业加强合作，提高产业链的整体竞争力。

2．区域间协调

区域间的产业发展可能存在不平衡的问题。政府通过制定区域发展战略，加强区域间的产业合作，促进区域经济的协调发展。例如，我国的京津冀协同发展战略，通过推动北京非首都功能疏解，促进京津冀三地的产业协同发展，实现了优势互补、互利共赢。政府还会加强区域间的基础设施互联互通和公共服务共建共享，为区域产业协同发展创造良好的条件。

政府在促进产业发展中扮演着多重角色，这些角色相互关联、相互影响。政府应根据经济发展的不同阶段和产业发展的实际需求，找准自身角色定位，有效发挥作用，推动产业的持续健康发展。

第三章　经济发展中的企业管理与战略决策

现代经济管理理论作为经济实践的重要指导，对推动企业发展、优化市场资源配置以及促进经济繁荣发挥着关键作用。在这一章，我们将剖析企业理论与实践，助力读者全面理解现代经济管理理论的丰富内涵，为经济管理实践提供扎实的理论支撑。

第一节　企业治理结构与企业竞争力

企业作为市场经济的主体，是经济活动的主要参与者。系统分析企业理论框架，深入探究其在实践中的应用，对于提升企业管理水平、增强企业竞争力，以及理解市场经济的运行机制，具有极为重要的意义。下面，我们从企业的性质、目标与治理结构入手，对企业理论展开深入剖析。

一、企业的性质、目标与治理结构

对企业性质、目标与治理结构的研究，是构建企业理论的基石。清晰认识这些要素，有助于企业制定科学合理的发展战略，优化内部管理，实现可持续发展。

（一）企业的性质

在经济学领域，对企业性质的探讨由来已久。传统经济学将企业视为生产函数，强调企业通过投入生产要素，产出产品和服务，追求利润最大化。然而，这种观点未能充分解释企业为何存在及企业内部的组织形式。罗纳德·科斯在其经典论文《企业的性质》中提出，企业的存在是为了降低交易成本。在市场交易中，存在着搜寻信息、谈判、签约和监督执行等成本，而企业通过将部分交易内部化，能够有效降低这些交易成本。

（二）企业的目标

企业的目标是企业发展的方向指引，在不同阶段和市场环境下，企业目标具有多样性。

1. 利润最大化

利润最大化是企业的首要目标。利润是企业生存和发展的物质基础，追求利润最大化能够激励企业提高生产效率，优化资源配置。例如，一家生产电子产品的企业，通过技术创新，提高产品质量，降低生产成本，扩大市场份额，从而实现利润最大化。在激烈的市场竞争中，利润最大化目标促使企业不断提升自身竞争力。

2. 企业价值最大化

随着企业规模的扩大和资本市场的发展，企业价值最大化逐渐成为企业追求的重要目标。企业价值不仅包括当前的利润，还涵盖未来的盈利能力、品牌价值、市场地位等因素。以苹果公司为例，其通过持续的技术创新，推出具有划时代意义的产品，塑造了强大的品牌形象，提升了市场地位，实现了企业价值的最大化。企业价值最大化目标更注重企业的长期发展和可持续性。

3. 社会责任目标

在社会经济发展的过程中，企业承担社会责任的意识不断增强。企业在追求经济利益的同时，也需要关注环境保护、员工福利、社会公平等社会问题。例如，一些企业积极参与环保公益活动，推动节能减排；为员工提供良好的工作环境和发展机会；支持贫困地区的经济发展。这些行为不仅有助于提升企业的社会形象，还能为企业带来长期的经济效益。

（三）企业治理结构

企业治理结构是企业制度安排的核心，它规定了企业各利益相关者之间的权利和义务关系，对企业的决策机制、运营效率和发展方向产生着深远影响。

1. 公司治理模式

目前，主要存在英美模式和德日模式两种典型的公司治理模式。英美模式强调股东至上，公司治理以资本市场为基础，股权较为分散，股东通过股东大会和董事会对公司进行监督和控制。例如，在苹果公司，股东通过选举董事会成员，参与公司重大决策，监督管理层的行为。德日模式则更注重利益相关者的利益平衡，股权相对集中，银行在公司治理中发挥着重要作用。以丰田汽车公司为例，银行不仅为企业提供融资支持，还通过持股参与企业的决策和管理。

2. 内部治理机制

企业内部治理机制包括股东大会、董事会、监事会和经理层等。股东大会是公司的最高权力机构，股东通过投票行使权利，决定公司的重大事项。董事会负责制定公司的战略规划和重大决策，对股东大会负责。监事会则对公司的经营管理进行监督，确保公司遵守法律法规和内部规章制度。经理层负责公司的日常运营管理，执行董事会的决策。这些内部治理机制相互制衡，共同保障企业的正常运营。

3. 外部治理机制

除了内部治理机制，企业还受到外部治理机制的约束，如市场竞争、法律法规、社会舆论等。市场竞争能够促使企业提高效率，优化治理结构；法律法规为企业的行为提供了规范和保障；社会舆论则对企业的行为进行监督，促使企业履行社会责任。

二、企业竞争力分析及提升策略

在全球经济一体化进程持续加速、市场竞争愈发激烈的当下，企业竞争力已然成为决定企业生死存亡与持续发展的关键。对企业而言，深入剖析自身竞争力，精准制定并有效实施提升策略，不仅是在激烈市场竞争中脱颖而出的必然选择，更是实现长期稳健发展的重要保障。从宏观层面来看，企业竞争力的普遍提升能够推动产业升级，优化资源配置，为经济发展注入源源不断的活力。在这一章节，我们将深入探究企业竞争力的内涵、分析方法及提升策略，为企业管理者提供极具价值的理论指导与实践参考。

（一）企业竞争力的内涵与主要理论流派

明晰企业竞争力的内涵，夯实理论基础，是深入开展企业竞争力分析的重要前提。只有从本质上理解企业竞争力，才能运用科学的理论和方法，对其进行准确剖析。

1．企业竞争力的定义与本质

企业竞争力指的是企业在市场竞争中，通过有效整合内部资源，合理应对外部环境变化，持续创造价值，从而在市场中获取竞争优势的能力。这一概念并非单一维度的考量，而是涵盖企业运营的方方面面，包括产品创新、成本控制、市场营销、组织管理等多个领域。其本质在于，企业通过不断优化自身的资源配置与运营模式，形成独特的竞争优势，进而满足市场需求，实现可持续发展。以特斯拉为例，该企业凭借在电动汽车技术研发、生产制造及市场营销等多方面的创新与突破，不仅在电动汽车市场占据了领先地位，还引领了整个行业的发展潮流，展现出强大的企业竞争力。

2．主要理论流派概述

在企业竞争力研究领域，诸多理论流派从不同角度对企业竞争力展开了深入探讨。资源基础理论认为，企业是一系列独特资源的集合体，这些资源具有价值性、稀缺性、难以模仿性和不可替代性，是企业获取竞争优势的源泉。例如，可口可乐公司独特的配方和强大的品牌影响力，构成了其难以被复制的核心资源，为公司带来了持续的竞争优势。核心能力理论则强调，企业应培育和发展自身的核心能力，即组织中的积累性学识，特别是关于如何协调不同生产技能和有机结合多种技术流派的学识。像苹果公司凭借在产品设计、用户体验和生态系统构建方面的核心能力，在全球智能手机市场独占鳌头。波特的竞争战略理论提出，企业可以通过成本领先、差异化和集中化三种基本战略，在市场竞争中获取优势。这些理论为企业竞争力的分析与提升提供了重要的理论框架和思路。

（二）企业竞争力分析方法

运用科学合理的分析方法是准确评估企业竞争力的关键。通过运用多种分析工具，企业能够全面、深入地了解自身在市场竞争中的地位和优劣势，为制定针对性的提升策略提供依据。

1. 波特五力模型

波特五力模型由迈克尔·波特提出，通过分析现有竞争者的威胁、潜在进入者的威胁、替代品的威胁、供应商的议价能力和购买者的议价能力，帮助企业深入了解所处行业的竞争态势。以智能手机行业为例，现有竞争者之间的激烈竞争促使各品牌不断推出新产品，提升产品性能和服务质量；潜在进入者的威胁迫使行业内企业持续创新，巩固自身市场地位；替代品的出现，如平板电脑、可穿戴设备等，对智能手机市场形成一定冲击；供应商在芯片、屏幕等关键零部件供应上的议价能力，以及购买者对品牌和价格的敏感度，都对企业的竞争力产生重要影响。通过五力模型，企业可以明确自身在行业中的竞争地位，识别潜在的竞争威胁和机会。

2. SWOT 分析法

SWOT 分析法通过对企业内部优势（strengths）、劣势（weaknesses）、外部机会（opportunities）、威胁（threats）的综合分析，为企业制定战略提供清晰的思路。例如，一家具有先进技术和研发能力的企业（内部优势），在面对市场对高科技产品需求不断增长的趋势（外部机会）时，可以制定加大研发投入、推出更多高科技产品的发展战略。相反，如果企业存在生产效率低下的问题（内部劣势），同时面临市场竞争加剧的压力（外部威胁），则需要采取措施优化生产流程，提升产品竞争力。SWOT 分析法能够帮助企业将内部资源与外部环境有机结合，制定符合自身实际情况的发展战略。

3．价值链分析

价值链分析将企业的生产经营活动分为基本活动和支持活动，通过对各个环节的价值创造和成本控制进行分析，找出企业的竞争优势。基本活动包括进货物流、生产作业、出货物流、市场营销和售后服务等，支持活动包括采购、技术开发、人力资源管理和企业基础设施等。以服装企业为例，通过优化采购环节，降低原材料成本；改进生产工艺，提高生产效率；加强市场营销，提升品牌知名度等措施，企业可以在价值链的各个环节创造价值，提升自身竞争力。价值链分析有助于企业发现自身的核心业务环节，优化业务流程，提高资源配置效率。

（三）企业竞争力提升策略

基于对企业竞争力的深入分析，企业可以制定并实施一系列针对性的提升策略，从多个维度提升自身的竞争优势，实现可持续发展。

1．创新驱动策略

创新是企业提升竞争力的核心动力。在技术创新方面，企业应加大研发投入，培养高素质的研发人才，加强与高校、科研机构的合作，推动技术创新成果的转化和应用。例如，华为公司长期坚持在通信技术领域的研发投入，不断推出领先的技术和产品，为全球通信行业的发展做出了重要贡献，同时也提升了自身在全球通信市场的竞争力。在产品创新方面，企业应关注市场需求变化，不断推出满足消费者个性化需求的新产品。例如，小米公司通过深入了解消费者需求，推出具有高性价比的智能手机和智能家居产品，赢得了广大消费者的青睐。在商业模式创新方面，企业应积极探索新的商业模式，如共享经济、平台经济等，为企业发展开辟新的空间。

2．成本领先策略

成本领先策略是企业在市场竞争中获取优势的重要手段。企业可以通过优化生产流程，提高生产效率，降低生产成本。例如，丰田汽车公司通过实施精益生产模式，减少生产过程中的浪费，提高了生产效率，降低了生产成本，提升了产品的市场竞争力。在采购环节，企业可以通过与供应商建立长期稳定的合作关系，争取更优惠的采购价格；通过集中采购、联合采购等方式，降低采购成本。此外，企业还可以通过合理控制管理费用、营销费用等运营成本，提高企业的盈利能力。

3．差异化策略

差异化策略通过为消费者提供独特的产品或服务，满足消费者的个性化需求，从而提升企业的竞争力。在产品差异化方面，企业可以通过提升产品质量、改进产品设计、增加产品功能等方式，使产品在市场上脱颖而出。例如，苹果公司的产品以其简洁美观的设计、卓越的性能和流畅的用户体验，与其他品牌形成明显差异，吸引了大量忠实用户。在服务差异化方面，企业可以通过提供优质的售前、售中、售后服务，提升消费者的满意度和忠诚度。例如，海底捞以其贴心周到的服务，在餐饮行业树立了良好的口碑，赢得了消费者的青睐。

4．人才发展策略

人才是企业发展的第一资源，也是提升企业竞争力的关键因素。企业应制定科学合理的人才战略，吸引、培养和留住优秀人才。在人才引进方面，企业应通过提供具有竞争力的薪酬待遇、良好的职业发展空间和企业文化氛围，吸引行业内的优秀人才。在人才培养方面，企业应建立完善的培训体系，为员工提供专业技能培训和职业发展规划指导，提升员工的综合素质和能力。在人才激励方面，企业应建立科学合理的绩效考核和激励机制，充分调动员工的工作积极性和创造性。例如，谷歌公司以其独特的企业文化、丰厚的福利待遇和良好的职业发展机会，吸引了全球顶尖的科技人才，为公司的持续创新和发展提供了强大的人才支持。

5．品牌建设策略

品牌是企业的重要无形资产，也是企业竞争力的重要体现。企业应加强品牌建设，提升品牌知名度和美誉度。在品牌定位方面，企业应明确自身的品牌价值和目标客户群体，确定独特的品牌定位。例如，香奈儿以其高端时尚的品牌定位，成为全球时尚界的标志性品牌。在品牌传播方面，企业应通过广告宣传、公关活动、社交媒体等多种渠道，传播品牌形象和价值。在品牌维护方面，企业应注重产品质量和服务水平的提升，及时处理消费者的投诉和反馈，维护品牌声誉。

第二节　企业战略规划与决策

在复杂多变的市场环境下，战略管理对于企业的长远发展起着至关重要的引领作用。战略管理策略的制定与决策，直接关系企业能否准确把握市场机遇，有效应对竞争挑战，实现可持续发展。深入探讨这部分内容可以帮助企业管理者系统地掌握战略管理的关键环节，提高战略决策的科学性和有效性，在激烈的市场竞争中赢得先机。

一、战略规划流程与实施方法

战略规划作为战略管理的首要环节，是企业明确发展方向、制定行动方案的关键步骤。科学合理的战略规划流程与有效的实施方法，不仅能够确保企业战略的顺利制定，还能保障战略在实际运营中得到有效执行，为企业的持续发展奠定坚实基础。

（一）战略环境分析

战略环境分析是战略规划的起点，通过对企业外部环境和内部环境的全面评估，为企业制定战略提供客观依据。

1．外部环境分析

宏观环境对企业的影响广泛而深远，政治、经济、社会和技术等因素都在不断影响着企业的经营环境。例如，政府出台的产业政策，可能为某些行业带来发展机遇，也可能对部分企业形成限制。以新能源汽车行业为例，随着全球对环境保护的重视，各国政府纷纷出台鼓励新能源汽车发展的政策，为该行业的企业提供了广阔的市场空间。此外，经济周期的波动、社会文化的变迁及技术的创新迭代，都对企业的战略决策产生重要影响。

产业环境直接决定了企业所处的竞争格局。运用波特五力模型对产业环境进行分析，可以清晰地了解现有竞争者的威胁、潜在进入者的威胁、替代品的威胁、供应商的议价能力和购买者的议价能力。

2．内部环境分析

企业资源是企业开展经营活动的基础，包括有形资源和无形资源。有形资源如厂房、设备、资金等，无形资源如品牌、技术、企业文化、企业能力等。例如，可口可乐公司凭借其独特的配方和强大的品牌影响力，拥有了难以复制的无形资源，为公司的持续发展提供了有力支撑。企业能力则体现了企业整合和运用资源的水平，涵盖研发能力、生产能力、营销能力等多个方面。华为公司在通信技术领域强大的研发能力，使其能够不断推出领先的技术和产品，提升了企业的市场竞争力。

（二）战略目标设定

明确、合理的战略目标是企业战略规划的核心，为企业的发展指明方向。

1．目标设定原则

战略目标的设定应遵循SMART原则，即具体（specific）、可衡量（measurable）、可实现（attainable）、相关联（relevant）、有时限（time－bound）。例如，一家服装企业设定在未来一年内将市场份额提高10%，销售额增长20%的目标，这一目标明确具体，可通过市场调研和销售数据进行衡量，且在企业可承受的范围内，与企业的经营业务紧密相关，并设定了明确的时间期限。

2．目标层次体系

企业战略目标通常分为三个层次，即公司层战略目标、业务层战略目标和职能层战略目标。公司层战略目标关注企业的整体发展方向和长期目标，如实现多元化经营、提升企业价值等。业务层战略目标针对企业的各个业务单元，明确其在市场中的竞争地位和发展策略，如在某一细分市场占据领先地位。职能层战略目标则围绕企业的各个职能部门，如研发、生产、销售等部门，为实现公司层和业务层战略目标提供支持。

（三）战略选择

在完成战略环境分析和战略目标设定后，企业需要从众多战略方案中选择最适合自身发展的战略。

1．基本战略类型

波特提出的成本领先战略、差异化战略和集中化战略，为企业战略选择提供了重要参考。成本领先战略通过降低成本，以价格优势获取市场份额，如沃尔玛通过优化供应链管理，降低采购成本和运营成本，为消费者提供低价商品。差异化战略则通过提供独特的产品或服务，满足消费者的个性化需求，如苹果公司凭借其独特的设计和卓越的用户体验，在智能手机市场树立了差异化优势。集中化战略是将资源集中于某一特定细分市场，满足特定客户群体的需求，如一些专注于高端定制服装的企业，通过为特定客户提供个性化的服装设计和制作服务，在细分市场中获得竞争优势。

2．战略选择方法

企业可以运用SWOT分析法，将企业的内部优势、劣势与外部机会、威胁相结合，制定出SO（增长型）、WO（扭转型）、ST（多种经营型）、WT（防御型）战略。例如，当企业拥有较强的内部优势和外部机会时，可以采取增长型战略，扩大市场份额，提升企业竞争力。

（四）战略实施

战略实施是将战略规划转化为实际行动的过程，直接关系战略目标的实现。

1．组织架构调整

企业的组织架构应与战略相匹配，确保战略的顺利实施。当企业实施多元化战略时，可能需要采用事业部制的组织架构，将不同业务划分为独立的事业部，赋予其相应的自主权，提高运营效率和市场响应速度。

2．资源配置优化

合理配置资源是战略实施的关键，企业需要根据战略目标，将人力、物力、财力等资源向重点业务和项目倾斜。例如，一家科技企业在研发新产品时，应加大对研发部门的资源投入，确保项目的顺利推进。

3．绩效评估与控制

建立科学的绩效评估体系，对战略实施过程进行监控和评估，及时发现问题并调整策略。企业可以设定关键绩效指标（KPI），定期对战略实施效果进行评估，如销售额、市场份额、利润率等，确保战略目标的实现。

（五）战略调整

市场环境和企业内部条件处于不断变化之中，企业需要根据实际情况及时对战略进行调整。

1．调整触发因素

当企业的内外部环境发生重大变化，如新技术的出现、政策法规的调整、竞争对手的战略变化等，可能需要对战略进行调整。例如，随着互联网技术的快速发展，传统零售企业纷纷调整战略，开展线上业务，以适应市场变化。

2．调整方法与流程

企业应建立灵活的战略调整机制，在发现需要调整战略时，重新进行战略环境分析，评估调整的必要性和可行性，制定新的战略方案并组织实施。

二、决策制定模型及其在企业管理中的应用

在复杂多变的商业环境中，决策贯穿企业管理的各个环节，是企业运营的核心要素。正确的决策能够引导企业抓住市场机遇，有效应对挑战，实现可持续发展；而错误的决策则可能使企业陷入困境，甚至危及生存。决策制定模型作为辅助企业进行科学决策的重要工具，为管理者提供了系统的思考框架与方法，有助于提升决策的质量和效率。本节将对常见的决策制定模型展开深入探讨，并分析其在企业管理实践中的具体应用，旨在帮助企业管理者更好地掌握和运用这些模型，做出更科学、合理的决策。

（一）理性决策模型

在企业管理过程中，管理者常常追求以最科学、最合理的方式做出决策，理性决策模型为此提供了一套规范化的流程与方法，帮助企业在复杂的决策环境中，通过系统分析和理性判断，寻找最优解决方案。

1. 模型原理与步骤

理性决策模型基于“经济人”假设，认为决策者具备完全理性，能够获取全部信息，对决策问题进行全面分析，并做出使企业利益最大化的决策。该模型的实施主要包含以下步骤：首先，明确决策目标，确保目标清晰、具体且可衡量。例如，一家电子产品制造企业计划推出一款新手机，其决策目标可能是在一年内实现特定的销售额和市场占有率。其次，收集与决策相关的所有信息，包括市场需求、竞争对手情况、技术可行性等。以新手机研发为例，企业需了解消费者对手机功能、外观、价格的偏好，以及竞争对手产品的特点和市场策略。再次，提出所有可能的备选方案，并对每个方案进行详细评估，分析其优缺点、实施成本和潜在收益。最后，选择最优方案并付诸实施。

2. 在企业管理中的应用实例

在企业的投资决策中，理性决策模型应用广泛。例如，某企业考虑投资建设新的生产基地。首先，确定投资目标，如提高生产能力、降低生产成本等。其次，全面收集信息，包括不同地区的土地价格、劳动力成本、政策优惠、交通便利性等。再次，提出多个备选方案，如在不同城市或地区建设生产基地。对每个方案的建设成本、运营成本、预期收益等进行详细测算和分析。最后，通过比较各方案的净现值、内部收益率等指标，选择收益最大的方案实施。然而，理性决策模型要求决策者掌握全面信息并具备超强的计算和分析能力，在现实中往往难以实现。

（二）有限理性决策模型

由于现实中信息的不完全性、决策者认知能力的有限性及决策时间的紧迫性，理性决策模型的应用受到一定限制。有限理性决策模型应运而生，它更加贴近企业管理的实际情况，为决策者提供了一种更具可行性的决策思路。

1. 模型核心观点

有限理性决策模型由赫伯特·西蒙提出，该模型认为，决策者在决策过程中并非完全理性，而是受到自身认知能力和信息获取能力的限制。因此，决策者难以找到最优方案，只能在有限的信息和时间内，寻求一个令人满意的解决方案。例如，企业在招聘员工时，由于时间和资源的限制，不可能对所有求职者进行全面考察，而是会设定一些基本标准，如学历、工作经验等，在符合标准的求职者中选择一个相对较好的人选。

2. 在企业管理中的应用场景

在企业的日常运营决策中，有限理性决策模型应用普遍。例如，企业在面对突发的市场变化时，需要迅速做出决策。如某服装企业突然接到大量订单，但现有生产能力无法按时完成。由于时间紧迫，企业无法对所有可能的解决方案进行详细分析，如扩建厂房、增加设备等。此时，企业可能选择临时增加工人推进生产或外包部分订单，以满足客户需求。这种决策虽然并非最优，但在有限的时间和资源条件下，能够达到企业的基本目标，是一种令人满意的解决方案。

（三）渐进决策模型

在企业管理中，有些决策涉及面广、影响深远，需要谨慎对待。渐进决策模型为这类决策提供了一种稳健的方法，通过逐步调整和优化决策方案，降低决策风险，确保决策的顺利实施。

1. 模型特点与流程

渐进决策模型强调决策是一个连续、渐进的过程，决策者基于现有的决策方案，根据反馈信息，对方案进行小范围的调整和改进，逐步实现决策目标。该模型的优点在于能够降低决策的复杂性和风险性，避免因大规模决策变动带来的不确定性。其流程通常包括：首先，确定决策的基本方向和目标；其次，分析当前的决策现状，找出存在的问题；再次，提出一些相对较小的改进方案，并逐步实施；最后，根据实施效果，对方案进行进一步调整和优化。

2. 在企业战略决策中的应用

以企业的战略转型为例，某传统制造业企业计划向智能制造领域转型。由于战略转型涉及大量的资金投入、技术研发和人员培训，风险较大。企业可以采用渐进决策模型，先在部分生产环节引入智能制造技术。通过试点，总结经验，发现问题，逐步调整和完善转型方案。例如，先在一条生产线上安装自动化设备，提高生产效率和产品质量。根据试点结果，再决定是否扩大智能制造的应用范围，逐步实现企业的战略转型。

（四）群体决策模型

在企业管理中，许多重要决策需要综合考虑多个部门和利益相关者的意见。群体决策模型通过组织相关人员参与决策过程，充分发挥群体的智慧和经验，提高决策的科学性和可行性。

1．常见群体决策方法

头脑风暴法是一种常用的群体决策方法，它鼓励参与者自由发表意见，不受任何限制，通过相互启发，产生大量的创意和方案。例如，企业在研发新产品时，组织市场、研发、生产等部门的人员进行头脑风暴，共同探讨新产品的功能、设计等方面的创意。

德尔菲法通过匿名问卷调查的方式征求专家的意见，经过多轮反馈和调整，最终达成共识。这种方法适用于对未来趋势的预测和重大决策的制定。

2．在企业决策中的优势与挑战

群体决策能够汇聚多方的知识和经验，提高决策的全面性和准确性。例如，在企业制定市场营销策略时，市场部门了解市场需求，销售部门熟悉客户反馈，生产部门掌握产品生产情况，通过群体决策，能够综合各方面的信息，制定更符合市场需求的营销策略。然而，群体决策也可能存在一些问题，如群体思维、决策效率低下等。因此，在应用群体决策模型时，需要合理组织决策过程，充分发挥其优势，避免出现决策失误。

（五）不同决策模型的比较与综合运用

在企业管理实践中，并不存在一种适用于所有场景的决策模型。不同的决策模型各有其特点、优势与局限性。深入理解这些模型之间的差异，并根据具体的决策情境进行综合运用，能够帮助企业管理者做出更科学、更高效的决策。

1．不同决策模型的特性

理性决策模型追求最优解，强调全面的信息收集与精确的分析计算，适用于那些目标明确、信息相对充分、决策后果影响重大的场景，如大型投资项目的决策。然而，其对信息和决策者能力的过高要求，在现实复杂环境中往往难以满足。

有限理性决策模型更贴合实际，它承认决策者的认知局限，以“满意解”为目标，在面对时间紧迫、信息有限的日常运营决策时，能够快速做出决策，保障企业的正常运转。

渐进决策模型注重决策的连续性和稳定性，通过逐步调整方案降低决策风险，适用于战略转型、组织变革等重大且需谨慎推进的决策。

群体决策模型则借助集体智慧，提高决策的全面性与科学性，在制定涉及多个部门利益、需要综合各方意见的决策时优势明显，但可能面临群体思维和决策效率低下的问题。

2. 综合运用策略

在实际决策过程中，企业可以根据不同阶段的需求，灵活组合使用多种决策模型。以一家餐饮企业计划推出新菜品为例，在前期市场调研阶段，可采用群体决策模型，组织市场调研人员、厨师、服务员等不同岗位的人员进行头脑风暴，收集各方对新菜品的创意和建议。在明确大致方向后，运用理性决策模型，收集市场数据、分析竞争对手菜品特点、评估食材成本和制作工艺，制定多个详细的菜品方案，并通过成本效益分析等方法选择最优方案。在新菜品试运营阶段，采用渐进决策模型，根据顾客反馈，对菜品的口味、摆盘、价格等进行小范围调整，逐步优化菜品，提高顾客满意度。

（六）决策模型在不同行业的应用差异

不同行业由于其自身特点，在决策模型的应用上也存在显著差异。了解这些差异，有助于企业管理者更好地选择和运用决策模型，提升决策的针对性和有效性。

1. 制造业的决策模型应用

制造业企业通常面临大规模的生产投资、复杂的供应链管理和激烈的市场竞争。在投资决策方面，如建设新工厂或引进新生产线，由于涉及巨额资金和长期运营，企业多采用理性决策模型。通过全面评估土地、设备、人力等成本，以及市场需求、产品价格走势等因素，运用净现值、内部收益率等财务指标，选择最优投资方案。在应对供应链中断等突发情况时，有限理性决策模型更为适用。例如，当原材料供应商因不可抗力无法按时供货时，企业难以在短时间内找到所有解决方案，此时可根据现有信息，选择能够快速恢复生产的方案，如寻找替代供应商或调整生产计划。

2．互联网行业的决策模型应用

互联网行业具有快速迭代、创新性强的特点。在产品研发过程中，群体决策模型和敏捷决策理念紧密结合。产品团队通过头脑风暴收集各方创意，快速形成产品原型，然后运用敏捷开发方法，根据用户反馈不断调整产品功能，类似于渐进决策模型的思路。在市场竞争激烈的互联网市场，决策速度至关重要。当出现新的市场机会或竞争对手推出新的产品功能时，企业往往采用有限理性决策模型，快速作出反应，抢占市场先机。

3．金融行业的决策模型应用

金融行业涉及大量的资金流动和风险管控，对决策的准确性和及时性要求极高。在投资决策中，理性决策模型占据主导地位。金融机构通过收集宏观经济数据、行业报告、企业财务报表等大量信息，运用量化分析模型，对投资项目的风险和收益进行精确评估，选择最优投资组合。在风险管控方面，金融机构会制定严格的风险评估流程和决策机制，一旦风险指标超过预设阈值，会立即启动相应的决策程序，运用有限理性决策模型，迅速采取风险对冲、资产处置等措施，降低损失。

第三节　组织行为学视角下的团队绩效提升

组织行为学旨在探究组织内个体、群体及组织系统的行为规律，通过对这些规律的把握，优化组织管理，提升组织绩效。在当今竞争激烈的商业环境下，企业分析员工行为，构建高效团队，强化领导力，对推动企业持续发展具有不可忽视的价值。接下来，我们就以团队合作与领导力培养入手，深入探讨组织行为学理论在这方面的应用。

一、团队合作与领导力培养

团队合作和领导力培养是组织行为学的重要议题。高效的团队合作能够整合成员优势，提升组织整体效能；而管理者具有卓越的领导力则能为团队指明方向，激发团队成员的潜力，二者相互促进，是组织实现目标的关键要素。

（一）团队合作的理论基础与重要性

团队合作是指团队成员为实现共同目标，相互协作、相互支持的过程。在组织行为学中，诸多理论为团队合作提供了坚实的理论依据。

1．社会惰化理论与协同效应

社会惰化理论指出，在群体工作中，个体可能会出现努力程度降低的现象，因为个体认为自己的努力对整体结果的影响较小。然而，团队通过合理的分工、明确的目标设定及有效的激励机制，能够克服社会惰化，实现协同效应。协同效应意味着团队整体的效能大于个体效能之和。例如，在软件开发项目中，程序员、测试人员、产品经理等不同角色紧密合作，各自发挥专业优势，最终开发出的软件产品，其价值远超每个成员单独工作成果的简单相加。

2．团队发展阶段理论

布鲁斯·塔克曼提出的团队发展阶段理论认为，团队的发展通常经历形成期、震荡期、规范期和执行期。在形成期，团队成员相互认识，开始建立团队目标和规则；震荡期则会出现意见分歧和冲突；进入规范期，团队成员逐渐接受团队的规范和角色；在执行期，团队成员高效协作，为实现目标全力以赴。了解这一理论，有助于管理者在团队发展的不同阶段，采取针对性的管理策略，促进团队合作。

（二）打造高效团队的策略

为打造高效团队，企业需要从多个方面入手，优化团队建设。

1．合理的团队组建

团队成员的选择至关重要，应综合考虑成员的技能、性格、价值观等因素。技能上，确保团队具备完成任务所需的各种专业能力。例如，一个建筑项目团队，需要设计师、工程师、施工人员等不同专业人才。性格方面，注重成员间的性格互补，避免团队内部冲突。同时，价值观一致能够增强团队的凝聚力和认同感，使成员为共同目标努力。

2．明确的目标与分工

清晰、明确的团队目标是团队合作的导向。目标应具体、可衡量且具有挑战性，例如销售团队设定季度销售额增长20%的目标。在明确目标后，合理分工，使每个成员清楚自己的职责和任务，避免职责不清导致的推诿和效率低下。

3．有效的沟通与反馈机制

良好的沟通是团队合作的基石。团队内部应建立多渠道的沟通机制，包括定期的团队会议、即时通信工具等，确保信息及时、准确地传递。同时，建立有效的反馈机制，成员能够及时了解自己工作的成效，发现问题并改进。

（三）领导力培养的关键要素

领导力在团队合作中起着引领和推动作用，培养卓越的领导力需要关注以下关键要素。

1．领导风格与情境适应性

不同的领导风格在不同的情境下效果各异。独裁型领导风格的领导者在紧急情况下，能够快速做出决策，提高执行效率；民主型领导风格的领导者则鼓励团队成员参与决策，激发成员的创造力和积极性。领导者应根据团队的发展阶段、任务性质以及成员特点，灵活调整领导风格。例如，领导者在团队面临突发危机时，采取独裁型领导风格；在团队开展创新性项目时，采用民主型领导风格。

2．激励与鼓舞能力

优秀的领导者能够洞察团队成员的需求，运用激励理论，激发成员的工作动力。除了物质激励，精神激励同样重要。领导者通过认可成员的工作成果、给予表扬和荣誉，能够增强成员的自信心和归属感。同时，领导者要能够描绘清晰的愿景，鼓舞团队成员为实现共同的目标而努力奋斗。

3．自我提升与榜样作用

领导者的自我提升和榜样作用对团队成员具有深远影响。领导者应不断学习新知识、新技能，提升自身的综合素质。在工作中，以身作则，遵守团队的规章制度，展现出专业、负责的工作态度，为团队成员树立榜样。

（四）团队合作与领导力的相互促进

团队合作与领导力之间存在着相互促进的关系。一方面，具有卓越领导力的领导者能够营造良好的团队氛围，促进团队成员之间的合作。领导者通过明确目标、合理分工、有效沟通，引导团队成员朝着共同目标努力，增强团队的凝聚力和协作能力。另一方面，团队成员之间的良好合作也有助于提升领导力。在团队合作过程中，领导者能够从成员那里获取反馈和建议，不断改进自己的领导方式和方法，提升领导能力。

二、工作满意度、激励机制与员工绩效

在现代企业管理体系里，员工是推动企业发展的核心要素。工作满意度不仅影响员工的工作态度，还左右着他们的工作行为；激励机制是激发员工积极性，挖掘其潜能的关键工具；而员工绩效则直接关乎企业的运营效益和市场竞争力。这三者相互关联、相互作用，构成了一个有机的整体。深入研究工作满意度、激励机制与员工绩效之间的内在联系，对企业构建科学的管理体系，提升管理效能，推动经济持续健康发展，有着极其重要的理论和实践价值。接下来，我们将对这三者展开深入探讨。

（一）工作满意度

工作满意度反映了员工对自身工作的综合评价与情感体验，不仅影响员工的工作积极性和稳定性，还对企业的整体运营产生深远影响。了解工作满意度的内涵、影响因素及对企业的重要性，有助于企业采取针对性措施，提升员工的工作满意度。

1. 工作满意度的内涵与测量

工作满意度并非单一维度的概念，而是涵盖员工对工作本身、工作环境、薪酬待遇、职业发展等多个方面的评价。常见的测量方法包括问卷调查法和访谈法。问卷调查法通过设计一系列问题，如“你对目前的工作内容是否满意？”“你对公司的薪酬福利是否满意？”等，让员工根据自身感受进行评分。访谈法则通过与员工进行面对面交流，深入了解他们对工作的看法和感受。这些方法能够帮助企业全面了解员工的工作满意度，为后续改进提供依据。

2. 影响工作满意度的因素

（1）工作本身。工作的挑战性、趣味性和成就感是影响工作满意度的重要因素。当员工面临具有挑战性的工作任务时，能够充分发挥自己的能力，实现自我价值，从而获得较高的工作满意度。例如，软件工程师参与开发具有创新性的软件项目，在攻克技术难题的过程中，会感受到强烈的成就感，进而提升对工作的满意度。

（2）工作环境。良好的工作环境包括物理环境和人际环境。舒适的办公场所、先进的办公设备能够提高员工的工作效率和舒适度。而和谐的人际关系、积极的团队氛围则能让员工感受到归属感，增强工作满意度。比如，企业组织丰富多样的团队活动，促进员工之间的沟通与交流，营造融洽的人际环境。

（3）薪酬待遇。薪酬是员工工作的重要回报，合理的薪酬体系和福利待遇能够提高员工的工作满意度。员工不仅关注薪酬的绝对水平，还注重薪酬的公平性。当员工认为自己的付出与回报成正比，且与同行业、同岗位的其他员工相比具有竞争力时，会对薪酬待遇感到满意。

3．工作满意度对员工绩效和企业发展的影响

高工作满意度能够提高员工的工作积极性和主动性，降低员工的离职率，从而提升员工绩效，促进企业的稳定发展。研究表明，工作满意度高的员工更愿意为企业付出额外的努力，主动承担更多的工作任务，并且在工作中表现出更高的创造力和创新精神。此外，高工作满意度还能吸引优秀人才加入企业，提升企业的声誉和形象。

（二）激励机制

激励机制是企业为了激发员工的工作积极性和创造力、实现企业目标而制定的一系列制度和措施。合理有效的激励机制能够将员工的个人目标与企业目标有机结合，充分挖掘员工的潜能，提升企业的竞争力。

1．激励理论概述

（1）内容型激励理论。马斯洛的需求层次理论将人的需求从低到高分为生理需求、安全需求、社交需求、尊重需求和自我实现需求。企业应根据员工不同层次的需求，提供相应的激励措施。例如，为满足员工的生理需求，提供合理的薪酬待遇；为满足员工的自我实现需求，提供晋升机会和培训发展平台。

赫兹伯格的双因素理论认为，保健因素（如薪酬、工作环境等）只能消除员工的不满，而激励因素（如工作成就感、晋升机会等）才能激发员工的工作积极性。企业在管理中应注重激励因素的运用，激发员工的内在动力。

（2）过程型激励理论。弗鲁姆的期望理论认为，激励力量＝效价 × 期望值。效价是指个体对某一目标的重视程度和评价高低，期望值是指个体对实现目标可能性的估计。企业在制定激励措施时，应确保目标具有吸引力，且员工认为通过努力能够实现目标，从而提高激励效果。

亚当斯的公平理论强调，员工会将自己的投入与产出之比与他人进行比较，若感到不公平，会影响其工作积极性。企业应建立公平公正的薪酬体系和绩效考核制度，确保员工感到公平。

2．激励机制的设计与实施

（1）物质激励。物质激励是最常见的激励方式，包括薪酬、奖金、福利等。企业应建立科学合理的薪酬体系，根据员工的工作绩效和贡献，给予相应的薪酬奖励。例如，设立绩效奖金制度，对绩效突出的员工给予额外奖励，激发员工的工作积极性。

（2）精神激励。精神激励能够满足员工的心理需求，增强员工的归属感和忠诚度。常见的精神激励方式包括表彰、荣誉称号、晋升机会等。企业可以定期评选优秀员工，给予公开表彰和奖励，激励其他员工向他们学习。

（3）职业发展激励。为员工提供广阔的职业发展空间，帮助员工实现职业目标，也是一种重要的激励方式。企业可以建立完善的培训体系和晋升机制，为员工提供培训和晋升机会，让员工看到自己在企业中的发展前景。

（三）工作满意度、激励机制与员工绩效的相互关系

工作满意度、激励机制与员工绩效之间存在着紧密的关系，它们相互影响、相互促进，共同推动企业的发展。

1．激励机制对工作满意度和员工绩效的影响

合理有效的激励机制能够提高员工的工作满意度，进而提升员工绩效。当企业采用科学合理的激励措施，如提供具有竞争力的薪酬待遇、良好的职业发展机会时，员工会感到企业对自己的重视和认可，从而提高工作满意度。高工作满意度会激发员工的工作积极性和主动性，促使员工更加努力地工作，提升工作绩效。

2．工作满意度对激励机制和员工绩效的影响

高工作满意度的员工更容易接受企业的激励机制，并且在激励机制的作用下，能够更好地发挥自己的潜力，提升工作绩效。相反，低工作满意度的员工可能对企业的激励机制产生抵触情绪，影响激励效果，进而降低工作绩效。因此，企业应注重提升员工的工作满意度，为激励机制的有效实施创造良好的氛围。

3. 员工绩效是对工作满意度和激励机制的反馈

员工绩效的高低是衡量激励机制有效性和工作满意度的重要指标。当员工绩效得到提升时，企业可以进一步优化激励机制，提高员工的工作满意度。同时，高绩效员工也会对工作产生更高的满意度，从而形成良性循环。反之，当员工绩效低下时，企业应反思激励机制是否合理，工作环境是否需要改善，及时采取措施进行调整。

在实际管理中，企业应充分认识到工作满意度、激励机制与员工绩效之间的相互关系，通过建立科学合理的激励机制，提升员工的工作满意度，进而提高员工绩效，实现企业的持续发展。

第四节　人力资源管理体系与企业文化

在当今竞争激烈、瞬息万变的商业环境中，人力资源是企业关键的战略资源，是推动企业持续发展的核心动力。人力资源管理体系的构建与企业文化建设，不仅关乎企业能否吸引、培养和留住优秀人才，更直接影响企业的运营效率、创新能力及市场竞争力。科学合理的人力资源管理体系与企业文化，能够确保企业的人力资源配置与企业战略目标紧密契合，实现人力资源的价值最大化。在本节，我们将深入探讨人才招聘、培训与发展体系的构建，以及薪酬福利设计与企业文化建设，为企业打造高效的人力资源管理体系提供理论指导与实践参考。

一、人才招聘、培训与发展体系构建

人才是企业发展的基石，构建完善的人才招聘、培训与发展体系，是企业获取和培养高素质人才，提升核心竞争力的关键所在。

（一）人才招聘体系

人才招聘是企业引入外部人才的重要途径，一套科学有效的招聘体系能够帮助企业精准筛选出符合岗位需求和企业发展战略的人才。

1．招聘需求分析

在启动招聘工作前，企业需对各岗位的职责、任职要求、工作量等进行详细分析。以软件开发岗位为例，不仅要明确所需的编程语言、开发工具等专业技能，还要考虑团队协作能力、沟通能力等综合素质要求。通过与用人部门的深入沟通，准确把握岗位的核心需求，为后续的招聘工作提供清晰的指引。

2．招聘渠道选择

企业可根据岗位特点和人才需求选择合适的招聘渠道。线上招聘平台如BOSS直聘、智联招聘等，具有信息传播范围广、招聘效率高的优势，适合招聘各类专业人才。校园招聘则是招聘应届毕业生的重要渠道，能够为企业注入新鲜血液，培养未来的管理和技术骨干。此外，内部推荐也是一种有效的招聘方式，内部员工对企业和岗位有深入了解，推荐的人才往往与企业契合度较高。

3．人才选拔流程

规范的人才选拔流程能够确保招聘的公平性和有效性。常见的选拔流程包括简历筛选、笔试、面试等环节。在简历筛选阶段，根据岗位要求，初步筛选出符合条件的候选人。笔试可用于考察候选人的专业知识和技能。面试环节则通过面对面交流，进一步了解候选人的综合素质、工作经验和职业规划。例如，采用结构化面试，对所有候选人提出相同的问题，确保评价的客观性和公正性；还可结合行为面试法，通过询问候选人过去的工作经历和行为表现，预测其未来的工作绩效。

（二）人才培训体系

人才培训是提升员工能力和素质，促进企业发展的重要手段。构建完善的人才培训体系，能够帮助员工不断更新知识结构，适应企业发展的需求。

1. 培训需求评估

培训需求评估是开展培训工作的基础。企业可通过问卷调查、访谈、绩效评估等方式，了解员工的培训需求。例如，对于新入职员工，重点关注其对企业文化、规章制度和岗位基础知识的需求；对于老员工，根据其职业发展规划和绩效表现，确定专业技能提升和管理能力培养的需求。

2. 培训课程设计

根据培训需求评估结果，设计针对性的培训课程。培训课程可分为入职培训、岗位技能培训、管理培训等类别。入职培训旨在帮助新员工快速融入企业，了解企业的文化、价值观和工作流程。岗位技能培训则针对不同岗位的工作要求，提升员工的专业技能。管理培训为有管理潜力的员工提供管理知识和技能的培训，培养企业的管理人才。例如，为销售人员设计销售技巧、客户关系管理等培训课程；为管理人员设计领导力提升、团队管理等培训课程。

3. 培训效果评估

培训效果评估是衡量培训工作成效的重要环节。企业可采用柯氏四级评估模型，从反应层、学习层、行为层和结果层四个层面进行评估。反应层评估通过问卷调查等方式，了解员工对培训内容、培训方式的满意度；学习层评估通过考试、作业等方式，考察员工对培训知识的掌握程度；行为层评估通过观察员工在工作中的行为变化，评估培训对其工作行为的影响；结果层评估则通过对比培训前后的工作绩效，评估培训对企业业绩的贡献。

（三）人才发展体系

人才发展体系关注员工的职业发展，为员工提供晋升机会和职业发展规划，能够增强员工的归属感和忠诚度。

1. 职业发展规划

企业应帮助员工制定个人职业发展规划，明确职业发展目标和路径。根据员工的兴趣、能力和职业意愿，结合企业的发展战略，为员工提供多元化的职业发展通道，如管理通道、技术通道等。例如，技术人员可沿着初级工程师、中级工程师、高级工程师等技术路径发展；有管理潜力的员工可通过竞聘等方式，进入管理岗位。

2．晋升机制

企业应建立公平公正的晋升机制，为员工提供晋升机会。晋升机制应明确晋升标准和流程，以员工的工作绩效、能力素质等为依据，确保晋升的公平性。例如，规定员工在达到一定的绩效标准和工作年限后，可参加晋升竞聘，通过面试、笔试等环节，选拔出优秀的晋升人员。

二、薪酬福利设计与企业文化建设

薪酬福利设计与企业文化建设是人力资源管理体系的重要组成部分，它们相互影响、相互促进，对吸引人才、留住人才，提升企业的凝聚力和竞争力具有重要意义。

（一）薪酬福利设计

薪酬福利是员工工作的重要回报，合理的薪酬福利设计能够激发员工的工作积极性和创造力。

1．薪酬体系设计

薪酬体系设计应遵循公平性、竞争性、激励性和经济性原则。公平性体现在内部公平和外部公平两个方面，内部公平要求根据员工的工作岗位、工作绩效等因素，确定合理的薪酬差距；外部公平则要求企业的薪酬水平与同行业、同地区的薪酬水平相比具有竞争力。激励性指企业通过设立绩效奖金、股权激励等方式，将员工的薪酬与工作绩效挂钩，激发员工的工作积极性。经济性则要求企业在控制薪酬成本的前提下，实现薪酬的最大价值。例如，采用宽带薪酬体系，将薪酬划分为多个宽带，每个宽带内包含多个薪酬等级，员工在同一宽带内可根据工作绩效和能力提升获得薪酬晋升，增加薪酬的灵活性和激励性。

2．福利体系设计

福利是薪酬体系的重要补充，丰富多样的福利项目能够提升员工的满意度和归属感。企业可提供法定福利，如养老保险、医疗保险、失业保险等，保障员工的基本权益。同时，还可提供补充福利，如带薪年假、节日福利、健康体检、员工培训等。例如，一些企业为员工提供免费的午餐、班车服务，改善员工的工作生活条件；为员工提供学习培训机会，帮助员工提升自身能力。

（二）企业文化建设

企业文化是企业的灵魂，是企业价值观、行为准则和经营理念的集中体现。优秀的企业文化能够增强企业的凝聚力和向心力，促进企业的可持续发展。

1．企业文化理念提炼

企业文化理念是企业文化建设的核心，企业应结合自身的发展历程、战略目标和行业特点，提炼出具有特色的企业文化理念。例如，阿里巴巴的“让天下没有难做的生意”的使命，体现了企业的社会责任感和发展愿景；“客户第一、团队合作、拥抱变化、诚信、激情、敬业”的价值观，为员工的行为提供了指导准则。

2．企业文化传播与落地

企业文化建设不仅要提炼出优秀的文化理念，更要通过多种方式将其传播到企业的各个层面，让员工真正理解和认同。企业可通过培训、内部刊物、文化活动等方式，传播企业文化理念。例如，开展新员工入职培训，将企业文化作为重要的培训内容，帮助新员工快速了解和融入企业；举办企业文化节、团队建设活动等，营造浓厚的企业文化氛围，促进企业文化落地生根。

薪酬福利设计与企业文化建设相互关联，合理的薪酬福利体系能够体现企业文化的价值观，促进企业文化的传播和落地；而优秀的企业文化能够增强员工对企业的认同感和归属感，提高员工对薪酬福利的满意度。

第五节　财务管理理论与财务决策

财务管理对企业的生存和发展起着决定性作用。科学的财务管理理论不仅为企业的财务决策提供坚实的理论支撑，还能助力企业在风险与机遇并存的市场中，实现资源的优化配置，达成可持续发展的目标。

一、投资评估与风险管理

在企业的战略布局中，投资活动是实现扩张和价值增长的重要驱动力。然而，任何投资都伴随着风险，这就要求企业运用科学的投资评估方法，全面、客观地分析投资项目的可行性与潜在风险，并制定行之有效的风险管理策略，以确保投资目标的顺利达成。

（一）投资评估方法

对投资项目进行精准评估，是做出正确投资决策的首要环节。当前，投资评估方法大致可分为非贴现法和贴现法两大类，它们从不同维度对投资项目的可行性和收益性进行分析。

1. 非贴现法

（1）投资回收期法。投资回收期指的是企业收回初始投资所需要的时间，该方法简单直观，能迅速反映投资的回收速度。以一家餐饮企业为例，为了扩大经营规模，计划投资 200 万元开设新门店，预计新门店开业后，每年扣除运营成本后可实现净现金流入 50 万元，那么在不考虑资金时间价值的情况下，投资回收期 = 200 ÷ 50=4（年）。尽管投资回收期法计算简便，但它忽略了投资回收期之后的现金流量，并且没有考虑资金的时间价值，这可能导致企业错失一些长期收益丰厚的优质项目。

（2）平均报酬率法。平均报酬率通过计算投资项目寿命期内平均的年投资报酬与初始投资额的比率来评估项目的盈利水平。假设某生产企业计划投资一条新的生产线，初始投资为 300 万元，项目寿命期为 6 年，每年扣除各项成本后的净利润分别为 30 万元、40 万元、50 万元、50 万元、40 万元、30 万元，则平均报酬率 =［（30+40+50+50+40+30）÷6］÷300×100% ≈ 14.44%。这种方法的优势在于计算便捷，数据易于获取，但同样没有考虑资金的时间价值，而且利润的计算容易受到会计政策的影响，可能导致评估结果出现偏差。

2．贴现法

（1）净现值法。净现值（NPV）是将投资项目未来各期的现金净流量按照一定的折现率折现到初始投资时点，再减去初始投资金额得到的差值。若净现值大于零，表明该项目在经济上具有可行性；若净现值小于零，则项目不可行。例如，某新能源企业计划投资一个太阳能发电项目，初始投资为 800 万元，预计未来 5 年每年的现金净流量分别为 200 万元、250 万元、300 万元、250 万元、200 万元，假设折现率为 10%。通过计算，该项目的净现值 =200÷（1+10%）+250÷（1+10%）^{2}+300÷（1+10%）^{3}+250÷（1+10%）^{4}+200÷（1+10%）^{5} − 800 ≈ 123.79（万元）。由于净现值大于零，说明该项目能够为企业创造经济价值，具有投资可行性。净现值法充分考虑了资金的时间价值，能够较为准确地反映投资项目的真实收益。

（2）内部收益率法。内部收益率（IRR）是使投资项目净现值为零的折现率。当内部收益率高于企业的资本成本时，项目可行；反之则不可行。沿用上述太阳能发电项目的例子，通过试错法或借助专业的财务软件，可计算出该项目的内部收益率约为 15.23%。若企业的资本成本为 10%，由于内部收益率大于资本成本，该项目在经济上可行。内部收益率法不仅考虑了资金的时间价值，还能反映项目本身的投资回报率。不过，在计算过程中可能会出现多个解或无解的情况，给决策带来一定的困扰。

（二）投资项目的风险分析

投资项目在实施过程中不可避免地会面临各种风险，如市场风险、技术风险、政策风险等。对投资项目进行全面、深入的风险分析，有助于企业提前识别潜在风险，制定针对性的应对策略。

1．敏感性分析

敏感性分析旨在研究某一变量发生变动时，对投资项目关键评价指标（如净现值、内部收益率）的影响程度。以某房地产开发项目为例，项目的收益受到房价、建筑成本、销售速度等多种因素的影响。通过敏感性分析，企业发现房价每下降 5%，项目净现值下降 15%；建筑成本每上升 5%，项目净现值下降 10%。这表明房价对项目净现值的影响更为敏感，企业在项目实施过程中，需要重点关注房价的波动，及时调整营销策略，降低市场风险。

2．概率分析

概率分析通过对投资项目未来可能出现的各种情况设定相应的概率，进而计算项目的期望净现值和风险程度。例如，某科技企业计划投资研发一款新产品，市场调研显示，新产品上市后，有 30% 的概率获得高收益，净现值可达 500 万元；有 50% 的概率获得中等收益，净现值为 200 万元；有 20% 的概率收益不佳，净现值为 −100 万元。通过计算，该项目的期望净现值 =500×30%+200×50%+（−100）×20%=230（万元）。同时，还可以通过计算方差和标准差，评估项目的风险程度，为企业决策提供更全面的信息。

（三）投资风险管理策略

为有效降低投资风险，企业需要制定并实施一系列科学合理的风险管理策略，以应对各种潜在风险。

1．分散投资策略

分散投资是指企业将资金投向多个项目、多个行业或多个地区，通过分散投资组合，降低单一投资项目对企业的影响。例如，一家多元化经营的企业，不仅投资于制造业，还涉足金融、房地产等领域，同时在国内和国外市场进行布局。这样，当某个行业或地区出现不利情况时，其他投资项目的收益可以弥补损失，从而降低企业整体的投资风险。

2. 风险规避策略

对于风险过高、超出企业承受能力的投资项目，企业应果断采取风险规避策略。例如，某企业计划投资一个新兴行业项目，但经过深入调研发现，该行业技术更新换代迅速，市场竞争激烈，且政策法规存在较大不确定性，项目失败的风险极高。在这种情况下，企业应放弃该项目，避免因盲目投资而遭受重大损失。

3. 风险转移策略

企业可以通过购买保险、签订远期合约、运用金融衍生工具等方式，将部分风险转移给其他方。例如，一家航空公司为了规避燃油价格波动带来的风险，与金融机构签订燃油套期保值合约，锁定未来一定时期内的燃油采购价格，从而稳定运营成本，降低价格风险。

二、资本结构优化与股利政策

在企业财务管理的庞大体系中，资本结构和股利政策占据着极为重要的地位。资本结构决定了企业资金来源的构成，不仅影响企业的财务风险和资本成本，还对企业的市场价值产生深远影响。而股利政策则关乎企业如何分配利润，这不仅直接关系到股东的切身利益，还会向市场传递企业经营状况和发展前景的重要信号。合理的资本结构与股利政策，有助于企业在复杂的市场环境中优化资源配置，提升竞争力，实现可持续发展。接下来，我们将深入探讨资本结构优化与股利政策制定过程中的理论与实践要点。

（一）资本结构理论与优化策略

资本结构理论旨在揭示资本结构与企业价值之间的内在联系，为企业优化资本结构提供理论依据。而科学的优化策略则能帮助企业降低资本成本，提升企业价值，增强企业在市场中的竞争优势。

1．资本结构理论概述

自20世纪中叶以来，经济学家们围绕资本结构展开了深入研究，形成了一系列经典理论。

（1）MM理论。1958年，莫迪利安尼和米勒提出了著名的MM理论。最初的MM理论在严格的假设条件下，如无所得税、无破产成本、资本市场完美等，认为企业的价值与资本结构无关，即无论企业采用何种融资方式，其市场价值都是恒定的。这一理论犹如一颗重磅炸弹，引发了学术界和实务界的广泛讨论。然而在现实世界中，企业需要缴纳所得税。修正后的MM理论指出，由于债务利息具有抵税效应，企业可以通过增加债务融资比例来降低综合资本成本，从而提高企业价值。例如，某企业息税前利润为200万元，所得税税率为25%。若企业全部采用权益融资，净利润为：200×（1－25%）=150（万元）；若企业引入债务融资，假设债务利息为50万元，此时净利润为：（200－50）×（1－25%）=112.5（万元），但因利息抵税，企业价值会有所提升。

（2）权衡理论。权衡理论在MM理论的基础上，引入了财务困境成本和代理成本的概念。财务困境成本包括企业在陷入财务困境时产生的直接和间接成本，如破产清算费用、信誉损失等；代理成本则源于企业所有者与经营者之间的利益冲突。权衡理论认为，企业在进行资本结构决策时，需要在债务的抵税收益与财务困境成本、代理成本之间进行权衡。当债务融资带来的边际抵税收益等于边际财务困境成本与边际代理成本之和时，企业达到最优资本结构，此时企业价值最大化。

2．影响资本结构的因素

企业在确定资本结构时，需要综合考虑多方面的因素。

（1）企业经营状况与发展阶段。处于不同发展阶段的企业，其经营状况和资金需求存在显著差异，这会对资本结构产生重要影响。处于初创期的企业，经营风险较高，盈利能力不稳定，为了控制财务风险，通常会采用较低的债务融资比例，更多地依赖权益融资。而进入成熟期的企业，经营相对稳定，盈利能力较强，现金流充沛，此时可以适当提高债务融资比例，充分利用财务杠杆，降低资本成本，提升企业价值。

（2）行业特点。不同行业的资本结构存在明显差异。制造业企业由于固定资产占比较高，资产流动性相对较差，一旦经营不善，资产变现难度较大，偿债能力相对较弱，因此通常采用较低的债务融资比例。而金融行业企业因其资产大多为金融资产，流动性强，变现能力好，且具有较高的盈利水平和稳定的现金流，所以可以承受较高的债务融资比例。

（3）税收政策。税收政策对企业的资本结构决策有着重要影响。由于债务利息可以在税前扣除，具有抵税作用，在所得税税率较高的情况下，企业更倾向于增加债务融资，以充分享受利息抵税带来的收益，降低企业的综合资本成本。

3．资本结构优化策略

为了实现资本结构的优化，企业可以采取多种策略。

（1）合理规划债务融资规模。企业应根据自身的经营状况、盈利能力和发展战略，合理确定债务融资规模。在确定债务融资规模时，要充分考虑企业的偿债能力，避免过度负债导致财务风险过高。例如，企业可以通过计算资产负债率、利息保障倍数等财务指标，评估自身的偿债能力，确保债务融资规模在可控范围内。

（2）选择合适的融资时机。资本市场的波动会对企业的融资成本产生显著影响。企业应密切关注资本市场动态，选择合适的融资时机。在利率较低、资本市场较为活跃时，企业可以适时增加债务融资；而在利率较高、资本市场低迷时，可适当减少债务融资，转而采用权益融资等方式。

（3）优化债务结构。企业不仅要控制债务融资的总体规模，还要优化债务结构。合理安排短期债务和长期债务的比例，避免出现债务期限错配问题，降低企业的财务风险。同时，还可以通过选择不同的债务融资工具，如银行贷款、债券融资等，优化债务结构，降低融资成本。

（二）股利政策理论与决策制定

股利政策是企业财务管理的重要组成部分，涉及企业如何将利润在留存收益和向股东分配股利之间进行合理分配。科学合理的股利政策能够增强股东对企业的信心，提升企业的市场形象，促进企业的长期发展。

1．股利政策相关理论

围绕股利政策，学术界形成了多种理论，为企业制定股利政策提供了理论指导。

（1）股利无关论。该理论认为，在完美资本市场条件下，企业的股利政策不会影响企业的价值。投资者对股利和资本利得没有偏好，企业的价值完全取决于其投资决策的盈利能力。企业无论采用何种股利政策，都不会改变投资者对企业价值的评估。然而，在现实世界中，资本市场并不完美，存在着税收、交易成本等因素，因此股利无关论在实际应用中存在一定的局限性。

（2）"一鸟在手"理论。该理论认为，由于投资者对风险具有厌恶情绪，相对于未来不确定的资本利得，他们更偏好于获得现期的股利。因此，企业应采用高股利政策，向股东支付较高的股利，以提高企业的价值。该理论强调了股利发放对股东心理的影响，以及股利在降低投资者风险感知方面的作用。

（3）信号传递理论。信号传递理论认为，股利政策是企业向市场传递经营状况和发展前景的重要信号。企业管理层比外部投资者更了解企业的真实情况，通过制定不同的股利政策，向市场传递企业的盈利能力、现金流状况等信息。例如，企业提高股利支付水平，可能向市场传递出企业经营状况良好、未来发展前景乐观的信号，从而提升投资者对企业的信心，推动股价上涨。

2．影响股利政策的因素

企业在制定股利政策时，需要考虑多方面的因素。

（1）法律因素。法律法规对企业的股利分配有着明确的限制。例如，资本保全约束要求企业不能用资本（包括股本和资本公积）发放股利，以确保企业的资本完整性；偿债能力约束要求企业在分配股利时，必须保证能够按时足额偿还债务，避免因过度分配股利导致企业陷入财务困境。

（2）企业自身因素。企业的盈利状况、资金需求、资本结构等自身因素对股利政策的制定有着重要影响。盈利稳定、现金流充沛的企业，通常会采用较高的股利政策，向股东分配更多的利润；而处于成长阶段、资金需求较大的企业，为了满足自身发展的资金需求，可能会采用较低的股利政策，将更多的利润留存于企业内部。

（3）股东因素。股东的投资目的和对风险的态度也会影响股利政策的制定。一些股东投资的目的是获取稳定的股利收入，他们更倾向于企业采用高股利政策；另一些股东更关注企业的长期发展，愿意接受较低的股利分配，以换取企业未来更高的资本增值。

3．股利政策类型与决策

企业可以根据自身的实际情况选择合适的股利政策。

（1）剩余股利政策。剩余股利政策是指企业在有良好的投资机会时，根据目标资本结构，测算出投资所需的权益资本，先从净利润中留用，然后将剩余的净利润作为股利分配给股东。例如，某企业目标资本结构为权益资本占 60%，债务资本占 40%，企业有一个投资项目需要资金 300 万元，按照目标资本结构，需要权益资本 180 万元。若企业当年净利润为 200 万元，则分配给股东的股利为：200－180=20（万元）。这种政策有助于企业保持目标资本结构，降低资本成本，但股利支付额会随投资机会和盈利水平的波动而波动，不利于投资者安排收入与支出。

（2）固定股利政策。固定股利政策是指企业每年向股东支付固定金额的股利。这种政策能够向市场传递企业经营稳定的信号，增强投资者的信心，有利于稳定股价。但在企业盈利波动较大时，可能会导致企业资金短缺，影响企业的正常运营。

（3）固定股利支付率政策。固定股利支付率政策是指企业按照固定的股利支付率从净利润中支付股利。例如，某企业确定的股利支付率为 40%，若当年净利润为 100 万元，则支付的股利为：100×40%=40（万元）。该政策使股利与企业的盈利紧密结合，但股利支付额会随盈利的波动而波动，不利于稳定股价。

（4）低正常股利加额外股利政策。低正常股利加额外股利政策是指企业每年支付固定的、数额较低的股利，在盈利较多的年份，再根据实际情况向股东发放额外股利。这种政策既可以维持股利的稳定性，又能在一定程度上体现股利与盈利的相关性，具有较大的灵活性，能够满足不同股东的需求。

第六节　企业发展战略与社会责任

一、多元化经营与专业化发展战略的选择依据

企业作为市场经济的微观主体，是推动经济发展的关键力量。在经济发展的不同阶段，企业通过生产商品、提供服务，创造就业机会，推动技术进步，为经济的繁荣做出了贡献。同时，企业为适应复杂多变的市场环境，需要制定合理的发展战略。其中，多元化经营与专业化发展战略是企业战略选择的重要方向。科学合理地选择战略，对企业充分发挥自身优势，实现可持续发展，进而推动经济发展具有重要意义。

多元化经营和专业化发展战略各有优劣，企业在选择时，需要综合考虑自身资源、市场环境、行业特性等多方面因素，以做出最适合自身发展的战略决策。

（一）企业资源状况与能力

1. 有形资源与专业化

企业的有形资源，如设备、厂房、资金等，对战略选择有直接影响。若企业在某一领域拥有先进的生产设备、大规模的生产基地，且资金有限时，专业化发展战略可能更合适。例如，富士康作为全球知名的电子制造服务企业，凭借其大

规模的生产基地和先进的生产设备，专注于电子产品代工领域，通过不断优化生产流程、提高生产效率，在该领域占据了重要地位，形成了强大的成本优势和规模效应。若贸然开展多元化经营，不仅需要大量资金投入新领域的设备购置与厂房建设，还可能分散企业在原有优势领域的资源，削弱其竞争力。

2．无形资源与多元化

当企业拥有丰富的无形资源，如品牌、技术专利、管理经验时，多元化经营可能是更好的选择。以迪士尼为例，其拥有强大的品牌影响力，通过将品牌拓展到电影、动漫、主题公园、衍生品等多个领域，实现了多元化发展。迪士尼凭借品牌号召力吸引消费者，降低了进入新领域的市场风险，同时各业务板块相互协同，进一步提升了品牌价值，实现了对资源的最大化利用。

3．核心能力匹配

企业的核心能力决定了其在市场中的竞争优势。若企业的核心能力在某一领域具有独特性和不可替代性，采用专业化发展战略有助于企业深化核心能力，巩固市场地位。比如，华为在通信技术领域拥有深厚的技术积累和研发能力，通过专注于通信设备制造和通信技术研发，不断提升产品和服务质量，在全球通信市场取得了领先地位。反之，当企业的核心能力具有通用性，能够在多个领域发挥作用时，多元化经营可使核心能力得到更广泛的应用。如腾讯基于其强大的互联网技术和用户运营能力，从社交网络起步，逐渐拓展到游戏、金融科技、数字内容等领域，实现了多元化发展。

（二）市场环境与行业趋势

1．市场饱和度与多元化

当企业所处行业市场饱和度较高，增长空间有限时，多元化经营可以帮助企业寻找新的增长点。例如，传统家电行业竞争激烈，市场趋于饱和。美的集团在巩固家电业务的同时，积极拓展机器人与自动化业务，实现了业务的多元化布局。通过进入新兴行业，美的集团降低了对单一家电市场的依赖，提升了企业的抗风险能力，为企业的持续发展开辟了新的道路。

2. 新兴市场机遇与专业化

在新兴市场崛起时，企业若能抓住机遇，专注于新兴领域的发展，有望在该领域占据领先地位。例如，随着新能源汽车市场的兴起，特斯拉专注于电动汽车的研发、生产与销售。通过持续的技术创新和产品优化，特斯拉在新能源汽车领域树立了技术领先和高端品牌的形象，迅速占领了市场份额，成为行业的领军企业。在新兴市场中，专业化发展使企业能够集中资源，快速响应市场需求，形成竞争优势。

3. 行业关联性与战略选择

企业在考虑多元化经营时，行业之间的关联性是重要因素。进入与现有业务关联性强的行业，企业可以利用现有的技术、渠道、品牌等资源，降低进入成本和风险。例如，小米以智能手机业务为核心，逐步拓展到智能家居领域。由于智能手机与智能家居在技术、渠道和用户群体上具有较强的关联性，小米能够通过整合资源实现业务的协同发展，构建智能家居生态系统。

（三）企业战略目标与风险偏好

1. 增长目标与多元化

若企业的战略目标是追求快速增长，多元化经营可以使企业通过进入多个领域，实现规模的快速扩张。例如，阿里巴巴从电子商务行业起步，逐渐涉足金融科技、物流、云计算等多个领域，通过多元化布局，实现了业务的快速增长，成为全球知名的互联网企业。多元化经营为企业提供了更多的增长机会，有助于企业实现跨越式发展。

2. 稳健目标与专业化

追求稳健发展的企业更倾向于选择专业化发展战略。这类企业注重在现有领域深耕细作，通过提高产品质量、优化服务水平，巩固市场地位。例如，贵州茅台专注于白酒酿造，凭借其独特的酿造工艺和品牌优势，在白酒市场保持着较高的市场份额和盈利能力。专业化发展使企业能够集中精力提升核心竞争力，降低经营风险，实现稳健发展。

3．风险偏好与战略匹配

风险偏好较高的企业更愿意尝试多元化经营，以获取更高的收益。但多元化经营也伴随着更高的风险，需要企业具备较强的资源整合能力和风险管理能力。而风险偏好较低的企业则更适合专业化发展战略，通过专注于核心业务，降低经营风险。例如，一些传统制造业企业，由于风险偏好较低，选择专注于特定产品的生产，通过不断优化生产流程、降低成本，在细分市场中保持竞争优势。

二、企业社会责任与可持续发展模式

在经济全球化和社会多元化发展的背景下，企业作为经济活动的主体，其行为对社会和环境产生着深远影响。企业社会责任理念的兴起，促使企业在追求经济效益的同时，更加注重对社会和环境的贡献。践行企业社会责任，不仅有助于解决社会和环境问题，还为企业实现可持续发展提供了新的思路和途径。构建与企业社会责任相契合的可持续发展模式，已成为企业在激烈市场竞争中脱颖而出，实现长远发展的必然选择。下面，我们将围绕企业社会责任与可持续发展模式展开深入探讨。

（一）企业社会责任的内涵与范畴

企业社会责任涵盖多个方面，明确其内涵与范畴，是企业践行社会责任的前提，也为企业构建可持续发展模式奠定了理论基础。

1．经济责任

经济责任是企业最基本的社会责任，要求企业通过合法经营，创造经济价值，为股东带来回报，为社会创造财富。企业通过生产和销售产品或服务，满足市场需求，推动经济增长。例如，苹果公司凭借其创新的产品设计和卓越的营销策略，推出了一系列深受消费者喜爱的电子产品，不仅为公司带来了丰厚的利润，也带动了上下游产业链的发展，创造了大量的就业机会，为经济增长做出了重要贡献。

2．法律责任

法律责任要求企业遵守国家法律法规，依法经营。企业在生产经营过程中，必须严格遵守劳动法规、环境保护法规、税收法规等各项法律法规。以化工企业为例，其必须遵守环保法规，采用先进的环保技术和设备，减少生产过程中的污染物排放，确保符合国家环保标准。同时，企业要依法纳税，履行企业义务。

3．伦理责任

伦理责任是指企业在经营活动中遵循道德规范，维护社会公平正义。企业要诚实守信，保障消费者权益，尊重员工权利，推动社会进步。例如，企业在产品宣传中不得虚假宣传，误导消费者；在劳动用工方面，要提供安全的工作环境，保障员工的合法权益；在参与社会公益活动时，要积极传递正能量，促进社会和谐发展。

4．环境责任

随着全球环境问题的日益严峻，企业的环境责任愈发重要。企业要减少生产过程中的能源消耗和污染物排放，推动绿色生产和可持续发展。例如，特斯拉致力于研发和生产电动汽车，减少传统燃油汽车的尾气排放，降低对环境的污染。同时，许多企业通过采用可再生能源、优化生产流程等方式，提高资源利用效率，减少对环境的负面影响。

（二）企业社会责任对可持续发展的促进作用

企业积极履行社会责任，能够在多个方面为自身的可持续发展创造有利条件。

1．提升企业声誉与品牌形象

企业通过积极履行社会责任，传递正能量，能够赢得社会公众的认可和赞誉，提升企业的声誉和品牌形象。良好的声誉和品牌形象有助于企业吸引客户、合作伙伴和优秀人才，增强企业的市场竞争力。例如，星巴克在全球范围内积极开展环保行动，如推广使用可回收材料、减少一次性餐具的使用等，赢得了消费者的青睐。消费者不仅因为星巴克的咖啡品质而选择它，还因为其积极履行社会责任的形象而对其产生认同感，从而提高了消费者的品牌忠诚度。

2．增强企业创新能力

履行社会责任往往需要企业进行技术创新和管理创新。例如，为了降低能源消耗和减少污染物排放，企业需要研发和应用先进的环保技术和设备；为了提高产品质量和保障消费者权益，企业需要加强质量管理和技术创新。这些创新活动不仅有助于企业履行社会责任，还能提升企业的核心竞争力，为企业的持续发展提供动力。例如，比亚迪在新能源汽车领域的研发投入，使其在电池技术、电动汽车制造等方面取得了显著成就，不仅推动了企业的发展，也为解决环境问题做出了贡献。

3．改善企业运营环境

企业积极履行社会责任，能够与政府、社区、供应商等利益相关者建立良好的合作关系，改善企业的运营环境。政府通常会对积极履行社会责任的企业给予政策支持和奖励，社区也会对企业的发展提供支持和帮助。例如，企业参与社区建设，为社区提供就业机会、改善社区环境，能够赢得社区居民的支持，增加企业运营过程中的助力。同时，与供应商建立良好的合作关系，有助于企业优化供应链管理，降低成本，提高运营效率。

（三）基于企业社会责任的可持续发展模式构建

企业要实现持续发展，需要将履行社会责任的理念融入企业战略和运营管理的各个环节，构建基于企业社会责任的发展模式。

1．战略层面

企业应将履行社会责任的理念贯穿企业战略规划的全过程，明确企业在经济、社会和环境方面的责任和目标。例如，企业在制定战略规划时，要考虑如何在创造经济价值的同时，为解决社会和环境问题做出贡献。一些企业将可持续发展目标纳入企业战略，如设定减少碳排放、提高资源利用效率等具体目标，并制定相应的行动计划，确保战略目标的实现。

2. 运营层面

在运营管理过程中，企业要将履行社会责任的理念落实到具体的生产经营活动中。在生产环节，企业要采用先进的生产技术和工艺，降低能源消耗和污染物排放，推动绿色生产；在供应链管理方面，企业要选择符合标准的供应商，确保供应链的可持续性；在产品设计和营销方面，企业要注重产品的质量和安全性，推广绿色产品，引导消费者的绿色消费行为。例如，宜家在产品设计中注重环保和可持续性，采用可回收材料，推广简约实用的设计理念，受到消费者的广泛欢迎。

3. 管理层面

企业要建立健全社会责任管理体系，明确各部门在履行社会责任工作中的职责和分工，加强对社会责任工作的组织和管理。同时，企业要建立社会责任报告制度，定期向社会公众披露企业履行社会责任的情况，接受社会监督。例如，许多企业每年发布企业社会责任报告，详细介绍企业在经济、社会和环境方面的工作成果和未来计划，增强企业的透明度和公信力。

企业社会责任与发展模式紧密相连，企业积极履行社会责任，不仅是对社会和环境的贡献，也是实现自身可持续成长的必然选择。企业应充分认识到履行社会责任的重要性，将其融入企业发展的各个环节，构建基于企业社会责任的发展模式，实现企业与社会、环境的和谐共生。

第四章　新经济模式下的机遇与挑战

在全球经济数字化、智能化趋势明显的时代背景下，数字经济与智能经济转型已成为推动经济发展的关键力量。数字技术的不断创新与广泛应用，正深刻改变着传统的经济形态，重塑产业格局，催生新的商业模式与经济增长点。

第一节　数字经济创新供应链管理

随着信息技术的飞速发展，数字经济和智能经济已成为经济发展的新引擎。数字技术的广泛应用，推动了传统产业的数字化、智能化升级，催生了一系列新兴产业和新型经济形态。探索数字经济与智能经济转型路径，对于优化经济结构，提升经济发展的质量和效益具有重要意义。下面，我们聚焦数字技术驱动的经济形态变革，深入分析区块链、人工智能、大数据等技术在经济领域的创新应用。

一、数字技术驱动的经济形态变革

区块链、人工智能、大数据等数字技术，凭借其独特的技术特性和创新应用模式，从多个维度对经济形态产生了深远的影响，推动了生产、流通、消费等环节的深刻变革。

（一）区块链技术推动信任经济与共享经济发展

区块链技术具有去中心化、不可篡改、可追溯等特点，为构建信任机制提供了新的解决方案，极大地推动了信任经济和共享经济的发展。

1. 供应链金融创新

在传统供应链金融中，由于信息不对称，中小企业融资难、融资贵的问题较为突出。区块链技术通过分布式账本和智能合约，实现了供应链上信息的实时共享和透明化。例如，在跨境贸易中，各方可以在区块链平台上共享货物运输、仓储、交易等信息，金融机构基于这些可信数据，为中小企业提供更加便捷、低成本的融资服务。以万向区块链实验室与上海银行合作推出的“区块链 + 供应链金融”服务平台为例，其通过将核心企业、供应商、物流企业等各方信息上链，实现了应收账款的快速确认和融资，有效解决了中小企业的资金周转难题，提升了供应链的整体效率。

2. 共享经济模式创新

共享经济的发展依赖于信任机制的建立。区块链技术通过加密算法和共识机制，确保了共享经济平台上交易的安全性和可追溯性。例如，在房屋共享领域，房东和租客可以通过区块链平台进行身份验证和交易记录，双方的权益得到有效保障。同时，区块链技术还可以实现共享资源的自动分配和收益结算，降低了中间环节的成本。

（二）人工智能引领生产与服务智能化变革

人工智能技术的发展使机器具备了感知、学习、推理和决策的能力，深刻改变了生产和服务的方式，推动了经济形态向智能化方向转变。

1. 智能制造升级

在制造业领域，人工智能技术被广泛应用于生产过程的各个环节。通过机器学习算法，生产设备可以实现自我优化和故障预测。例如，西门子在其工厂中引入人工智能技术，对生产线上的传感器数据进行实时分析，提前预测设备故障，减少了设备停机时间，提高了生产效率。此外，人工智能还可以实现生产过程的自动化控制，如机器人在汽车制造中的广泛应用，不仅提高了生产精度，还降低了人力成本。

2．智能服务创新

在服务业领域，人工智能技术推动了服务模式的创新。智能客服、智能推荐系统等的应用，为用户提供了更加个性化、便捷的服务体验。以电商平台为例，基于人工智能的推荐系统可以根据用户的浏览和购买历史，为用户精准推荐商品，提高了用户的购物满意度和转化率。同时，在金融领域，智能投顾服务通过算法为用户提供个性化的投资建议，降低了投资门槛，提高了投资效率。

（三）大数据赋能经济决策与精准营销

大数据技术通过对海量数据的收集、存储、分析和挖掘，为经济决策和精准营销提供有力支持，改变了企业的运营和营销模式。

1．决策科学化

企业可以通过收集和分析市场、客户、竞争对手等多方面的数据，为战略决策提供依据。例如，零售企业通过对销售数据的分析，了解消费者的购买偏好和趋势，优化商品品类和库存管理。例如，沃尔玛通过大数据分析，发现啤酒和尿布在特定时间段的销量存在关联，于是将这两种商品摆放在相近位置，提高了销售额。同时，政府也可以利用大数据技术，对宏观经济运行进行监测和分析，制定更加科学的经济政策。

2．精准营销

基于大数据的精准营销能够根据消费者的特征和行为，实现个性化的营销推广。社交媒体平台通过对用户行为数据的分析，为广告商提供精准的广告投放服务。例如，抖音根据用户的兴趣爱好和浏览历史推送个性化的视频广告，提高了广告的点击率和转化率。此外，企业还可以通过大数据分析了解用户对产品的反馈，及时优化产品和服务，提升用户满意度。

二、智能化生产与供应链管理创新

随着数字技术的深度渗透，智能化生产、供应链管理创新及数据要素市场化配置，成为驱动数字经济与智能经济转型的关键力量。智能化生产重塑了传统生产模式，供应链管理创新优化了资源配置效率，而数据要素市场化配置则催生了新的经济形态。然而，在推进过程中，数据要素治理也面临诸多挑战。深入探究这些议题，不仅能助力企业挖掘数字技术潜力，提升竞争力，还能为政府制定合理的经济政策提供参考，推动经济高质量发展。

（一）智能化生产重塑企业生产模式

智能化生产借助大数据、人工智能、物联网等技术，打破了传统生产模式的局限，实现了生产过程的自动化、智能化和柔性化。

1. 生产过程自动化与智能化

工业机器人和自动化生产线在制造业的广泛应用，极大地提高了生产效率和产品质量。例如，富士康引入大量工业机器人，构建自动化生产线，完成电子产品的组装和检测工作。机器人的应用不仅减少了人工操作的误差，还大幅缩短了生产周期，提高了产品的一致性。此外，传感器和物联网技术让生产设备实现了互联互通，让企业能够实时采集和分析生产数据。企业借助人工智能算法对生产数据进行深度挖掘，优化生产参数，实现生产过程的自我调节和优化。如美的集团的智能工厂中，通过对设备运行数据的实时监测与分析，提前预判设备故障，及时安排维护，有效降低了设备停机时间，提升了生产效率。

2. 柔性化生产满足个性化需求

随着消费者需求的日益多样化，柔性化生产成为企业适应市场变化的关键。智能化生产系统能够快速调整生产流程和工艺，实现多品种、小批量生产。例如，红领集团打造的酷特智能工厂，通过数字化技术采集消费者的个性化需求数据，运用 3D 量体、智能排版等技术，实现服装的定制化生产。从接单到成品交付，整个生产过程实现数字化、智能化管理，满足了消费者对服装款式、尺寸、面料等方面的个性化需求，提高了客户满意度。

（二）供应链管理创新提升资源配置效率

通过整合上下游企业资源，运用数字技术优化供应链流程等供应链管理创新，供应链的透明度、协同性和灵活性得以提升。

1．数字化供应链增强供应链透明度

借助物联网、区块链等技术，企业能够实时获取供应链各环节的信息，实现供应链的全程可视。例如，在农产品供应链中，通过在农产品上植入传感器和 RFID 标签，记录农产品的种植、采摘、运输、储存等信息，并将这些信息上链存储。消费者扫描产品二维码就能获取农产品的全部信息，实现从农田到餐桌的全程追溯。这不仅保障了农产品的质量安全，还增强了消费者对产品的信任。同时，企业通过对供应链数据的分析，能够及时发现潜在风险，提前采取应对措施，提高供应链的稳定性。

2．协同化供应链提升供应链协同性

数字技术打破了企业间的信息壁垒，促进了供应链上下游企业的协同合作。通过供应链管理平台，企业能够实现信息共享、业务协同和资源优化配置。例如，汽车制造企业与零部件供应商通过供应链协同平台，实时共享生产计划、库存信息和物流信息，实现了零部件的准时供应和生产的无缝对接。这不仅降低了库存成本，还缩短了产品交付周期，提高了供应链的整体效率。

3．智能化供应链增强供应链灵活性

人工智能和大数据技术在供应链预测和决策中的应用，使供应链能够快速响应市场变化。企业通过对市场数据的分析和预测，提前调整生产计划和库存策略。例如，京东利用大数据分析消费者的购买行为和偏好，预测商品的需求趋势，提前进行库存布局，实现了快速配送。同时，智能化供应链还能够根据实时的市场需求和供应链状态，自动调整物流配送路线和运输方式，提高供应链的灵活性和适应性。

三、数据要素市场化配置的重要性与治理挑战

数据作为数字经济时代的关键生产要素，其市场化配置对推动经济发展具有重要意义。然而，在数据要素市场化配置过程中，也面临着数据安全、隐私保护、数据垄断等治理挑战。

（一）数据要素市场化配置的重要性

1. 推动数字经济发展

数据要素的市场化配置促进了数据的流通和共享，激发了数据的价值。企业通过获取和分析数据，能够更好地了解市场需求，优化产品和服务，创新商业模式。例如，字节跳动通过对用户行为数据的分析，推出了抖音、今日头条等个性化内容推荐平台，满足了用户的个性化需求，吸引了大量用户，推动了数字内容产业的发展。同时，数据要素的市场化配置还催生了数据交易、数据服务等新兴产业，为数字经济的发展注入了新动力。

2. 优化资源配置效率

数据要素能够为其他生产要素的配置提供决策支持，提高资源配置效率。例如，金融机构通过对企业和个人的信用数据进行分析，评估其信用风险，合理分配信贷资源，可以降低不良贷款率。同时，政府通过对宏观经济数据的分析，可以制定更加科学的产业政策，引导资源向战略性新兴产业和重点领域流动，推动产业结构优化升级。

（二）数据要素市场化配置的治理挑战

1. 数据安全与隐私保护问题

随着数据的大量收集和使用，数据安全和隐私保护问题日益突出。数据泄露事件不仅会给个人和企业带来经济损失，还会损害社会信任。例如，2017 年

Equifax 公司的数据泄露事件导致约 1.43 亿美国消费者的个人信息被泄露，给消费者和企业造成了巨大损失。为应对这一挑战，需要加强数据安全技术研发，完善数据安全法律法规，明确数据收集、使用和存储的规范，保障数据主体的合法权益。

2．数据垄断问题

一些大型互联网企业凭借其在数据收集和分析方面的优势形成了数据垄断。数据垄断不仅限制了市场竞争，还阻碍了数据要素的自由流动和创新发展。例如，如果搜索引擎公司通过掌握大量用户搜索数据并操控搜索结果，排挤竞争对手，就会影响市场竞争的公平性。为解决数据垄断问题，需要加强反垄断监管，制定数据反垄断法规，防止企业滥用数据优势，维护公平竞争的市场环境。

3．数据质量与标准问题

数据质量和标准的不一致，影响了数据的流通和共享。不同企业和机构收集的数据在格式、定义和质量上存在差异，增加了数据整合和分析的难度。例如，在医疗领域，不同医院的病历数据格式和标准不统一，阻碍了医疗数据的共享和应用。为解决这一问题，需要建立统一的数据标准和规范，加强数据质量管理，提高数据的可用性和价值。

第二节　绿色经济与可持续发展

在全球资源环境问题日益严峻的背景下，发展绿色经济已成为实现可持续发展的必然选择。绿色经济倡导在经济发展过程中，充分考虑生态环境保护，将资源节约、环境友好的理念贯穿于生产、流通和消费的各个环节。它不仅有助于缓解资源短缺和环境污染问题，还能催生新的经济增长点，推动产业结构优化升级，为经济的长期稳定发展提供支撑。

一、碳中和目标下的产业转型路径

碳中和目标的提出，为全球绿色经济发展指明了方向。深入研究碳中和目标下的产业转型路径，对于推动经济社会的绿色转型，实现可持续发展具有重要的现实意义。

碳中和目标要求在特定时间内，通过植树造林、节能减排等形式，抵消二氧化碳排放，实现二氧化碳的“零排放”。为达成这一目标，多个产业需进行绿色转型，从传统的高碳模式向低碳、零碳模式转变。

（一）能源产业

能源产业是碳排放的主要来源，其转型对实现碳中和目标至关重要，涉及能源生产和消费结构的重大调整。

1．可再生能源的大规模开发与利用

太阳能、风能、水能、生物能等可再生能源具有清洁、低碳的特点，是能源转型的重点方向。近年来，太阳能光伏发电成本持续下降，在许多地区已具备与传统能源竞争的能力。我国西部地区拥有丰富的太阳能资源，通过建设大型太阳能发电基地，将太阳能转化为电能，并通过特高压输电技术，将电力输送到东部能源需求旺盛地区。风能资源的开发也取得了显著进展，海上风电凭借其资源丰富、风速稳定等优势，成为风能开发的重要领域。例如，丹麦作为风能开发的领先国家，海上风电装机容量占比高，不仅满足了国内的电力需求，还将多余的电力出口到其他国家。

2．能源存储与智能电网建设

可再生能源具有间歇性和波动性的特点，为保障能源的稳定供应，能源存储技术和智能电网建设至关重要。锂电池储能技术的发展，提高了电能存储的效率和安全性。通过建设储能电站，可在可再生能源发电过剩时储存电能，在发电不足时释放电能，平衡电力供需。智能电网则利用先进的信息技术，实现对电力系

统的实时监测和智能调控，优化电力资源配置，提高能源利用效率。如美国的一些智能电网项目，通过实时收集用户的用电信息，实现精准的电力调度，降低了能源损耗。

（二）制造业

制造业是国民经济的支柱产业，也是碳排放的重要领域。实现制造业的绿色转型，对于推动产业升级和实现碳中和目标具有关键作用。

1. 绿色设计与清洁生产技术应用

在产品设计阶段融入绿色理念，采用可回收、可降解的材料，减少产品生命周期内的环境影响。汽车制造企业在设计新能源汽车时，选用轻量化材料，降低汽车生产过程中的能耗和排放。同时，应用清洁生产技术，改进生产工艺，从源头减少污染物和碳排放。钢铁企业通过采用先进的高炉炼铁技术和余热回收系统，提高能源利用效率，降低生产过程中的碳排放。

2. 工业互联网与智能制造助力减排

工业互联网和智能制造技术的应用，可实现生产过程的精细化管理和优化控制，降低能源消耗和废弃物排放。通过物联网技术，企业可使生产设备连接至网络，实时采集和分析设备的运行数据，实现对设备的智能维护和对能源的精准管理。例如，富士康利用工业互联网技术，对生产线上的设备进行实时监测和优化，降低了设备的能耗和故障率。智能制造技术还能通过优化生产流程，减少生产环节中的浪费，提高资源利用效率。

（三）交通运输业：向低碳化、电动化转型

交通运输业是碳排放的重要来源之一，随着全球对碳中和目标的推进，交通运输业的低碳转型势在必行。

1. 新能源汽车的推广与普及

新能源汽车，尤其是电动汽车，以其零尾气排放的优势，成为交通运输业低

碳转型的主力军。各国政府通过出台补贴政策、建设充电基础设施等措施，推动新能源汽车的发展。我国在新能源汽车领域取得了显著成就，不仅拥有庞大的新能源汽车生产企业群体，还建成了全球最大的充电网络。特斯拉等企业通过技术创新，不断提高电动汽车的续航里程和性能，降低生产成本，推动了电动汽车的普及。

2．绿色交通体系建设

除了推广新能源汽车，构建绿色交通体系也是实现交通运输业低碳转型的重要举措。发展城市轨道交通，如地铁、轻轨等，可有效减少私人汽车的使用，降低碳排放。同时，政府可优化公共交通网络，提高公共交通的服务质量和便利性，鼓励居民选择公共交通出行。此外，发展多式联运，整合铁路、公路、水路等运输方式，提高运输效率，也可降低能源消耗。

（四）农业

农业也是温室气体排放的重要领域。发展低碳农业和生态农业，对于实现碳中和目标和保障农业可持续发展具有重要意义。

1．优化农业生产方式

减少化肥和农药的使用，推广有机肥料和生物防治技术，降低农业面源污染和碳排放。采用精准灌溉和施肥技术，根据农作物的生长需求，合理供应水和肥料，提高资源利用效率。例如，一些地区采用滴灌技术，不仅节约了水资源，还减少了因过量施肥导致的温室气体排放。

2．发展生态循环农业

构建农业生态系统内的物质循环和能量流动，实现农业废弃物的资源化利用。将农作物秸秆、畜禽粪便等农业废弃物转化为沼气、有机肥等资源，既减少了废弃物的排放，又为农业生产提供了清洁能源和肥料。如一些养殖场通过建设沼气池，使畜禽粪便发酵产生沼气，用于发电和供热，沼渣和沼液作为优质有机肥还田，实现了农业废弃物的循环利用。

二、环境成本内生化与绿色金融

在追求经济可持续发展的进程中，环境成本内生化与绿色金融逐渐成为重要议题。前者促使企业改变传统的生产经营模式，后者则为绿色产业的发展提供资金支持，二者相互促进，共同推动经济的绿色转型。

（一）环境成本内生化

环境成本内生化旨在将经济活动对环境造成的损害纳入企业生产成本核算，引导企业合理利用资源，减少环境污染。

1. 环境成本核算方法

目前，常用的环境成本核算方法包括生命周期评估法、污染治理成本法等。生命周期评估法对产品从原材料获取、生产、使用到废弃处理的整个生命周期进行分析，评估其对环境的影响及相应成本。例如，在汽车制造行业，运用生命周期评估法，不仅能核算汽车生产过程中的能耗和污染物排放成本，还能考虑汽车使用阶段的油耗及尾气排放成本，以及报废处理阶段对环境的影响成本。污染治理成本法则通过计算企业为治理环境污染所投入的资金，衡量环境成本。一些化工企业在核算环境成本时，将污水处理、废气净化设备的购置和运行成本，以及污染治理的人力成本等纳入核算范围。

2. 环境成本内生化的政策推动

政府通过制定和实施环境法规、税收政策等，推动环境成本内生化。环境保护相关法规明确了企业的污染排放标准，对超标排放的企业进行严厉处罚，迫使企业增加环保投入，将环境成本纳入生产决策。例如，我国的《环境保护税法》根据污染物的种类、排放量等征收环境保护税，促使企业改进生产工艺，减少污染物排放。此外，政府还通过补贴、税收优惠等政策，鼓励企业采用环保技术和设备，降低环境成本。

（二）绿色金融：助力经济绿色转型

绿色金融通过开发多样化的金融产品和服务，为绿色产业发展提供资金支持，推动经济的绿色转型。

1．绿色信贷

金融机构在信贷业务中，对环保项目给予优先支持，包括给其较低的利率、较长的贷款期限等。例如，兴业银行作为国内绿色信贷的先行者，为新能源、节能环保等领域的企业提供了大量信贷资金。对于符合环保标准的风电项目，兴业银行不仅提供充足的贷款额度，还给予一定的利率优惠，降低了项目的融资成本，促进了风电产业的发展。

2．绿色债券

企业和政府通过发行绿色债券，为环保项目筹集资金。绿色债券所募集的专项资金用于支持可再生能源开发、污染治理等绿色项目。例如，国家开发银行发行的绿色金融债券，为多个大型环保项目提供了长期稳定的资金来源。这些债券的发行拓宽了环保项目的融资渠道，引导社会资金流向绿色产业。

3．绿色保险

绿色保险又称环境污染责任保险，企业通过购买保险，将环境污染风险转移给保险公司。一旦发生环境污染事故，保险公司将按照合同约定进行赔偿，减轻企业的经济负担。例如，一些化工企业购买环境污染责任保险，在发生意外污染事故时，由保险公司承担污染治理和赔偿的费用，降低了企业的经营风险，同时也增强了企业的环保意识。

三、循环经济与资源利用效率提升

循环经济以“减量化、再利用、资源化”为原则，通过构建资源循环利用体系，提升资源利用效率，减少废弃物排放，是实现经济可持续发展的重要途径。

（一）循环经济的发展模式

1．企业层面的清洁生产

企业通过改进生产工艺，采用先进的技术设备，实现生产过程的清洁化和对资源的高效利用。例如，钢铁企业采用干熄焦技术回收焦炭生产过程中产生的余热，用于发电或供热，既减少了能源消耗，又降低了废气排放。同时，企业对生产过程中产生的废渣、废水、废气进行综合处理，实现资源的循环利用。如将废渣加工成建筑材料，将废水处理后回用，减少了废弃物的排放，提高了资源利用效率。

2．园区层面的生态工业园区建设

生态工业园区通过整合园区内企业的资源，构建产业共生网络，实现对物质和能量的梯级利用。例如，在某生态工业园区内，一家火力发电厂产生的粉煤灰和脱硫石膏成为园区内水泥厂和石膏板厂的生产原料；水泥厂生产过程中产生的余热用于园区内的温室种植，实现了资源的循环利用和能源的梯级利用，降低了园区的整体能耗和废弃物排放。

3．社会层面的资源回收利用体系建设

政府通过建立完善的资源回收利用体系，对废弃物资进行分类回收、再加工和再利用。例如，一些城市通过推广垃圾分类制度，将可回收物、有害垃圾、厨余垃圾和其他垃圾进行分类收集。可回收物经过回收企业的分拣和加工，转化为再生资源，重新进入生产环节。如废弃塑料经过加工后，可制成塑料制品或用于生产其他产品，减少了对原生资源的依赖，提高了资源利用效率。

（二）提升资源利用效率的政策与技术支持

1．政策支持

政府通过制定产业政策、税收政策等，鼓励企业发展循环经济，提升资源利用效率。例如，对从事资源回收利用的企业给予税收优惠，对采用循环经济技术

和模式的企业提供财政补贴。同时，政府还加强对资源回收利用市场的监管，规范市场秩序，促进循环经济产业的健康发展。

2. 技术创新

技术创新是提升资源利用效率的关键。研发和应用先进的资源回收利用技术、节能减排技术等，能为循环经济发展提供技术支撑。例如，新型的废旧电池回收技术能够高效提取电池中的有价金属，实现废旧电池的资源化利用。此外，大数据、物联网等技术的应用也为资源回收利用体系的优化提供了技术保障，通过实时监测和分析资源流动数据提高资源回收利用的效率和精准度。

第三节 共享经济平台的管理挑战

随着科技的进步和市场需求的变化，新兴经济业态不断涌现，重塑了经济发展的格局。这些新业态在带来创新活力的同时，也给经济管理带来了前所未有的挑战。共享经济作为新兴经济业态的典型代表，以其独特的资源共享模式和便捷的服务体验，迅速在全球范围内兴起。然而，共享经济平台的快速发展也暴露出一系列问题，对现有的监管与治理体系提出了严峻挑战。深入研究共享经济平台的监管与治理问题，对于引导共享经济健康发展、完善新兴经济业态的管理机制具有重要意义。

一、共享经济平台的现状、特点及监管必要性

共享经济平台借助互联网技术，整合闲置资源，实现了供需双方的高效匹配，创造了新的经济价值。但由于其发展速度快、创新程度高，传统的监管与治理方式难以适应，引发了一系列监管难题。下面我们从多个维度分析共享经济平

台的发展与管理问题。

（一）共享经济平台的发展现状与特点

1．发展现状

近年来，共享经济平台在全球范围内迅速扩张，涵盖交通出行、住宿、办公、物品租赁等多个领域。以交通出行为例，滴滴出行在国内网约车市场占据重要地位，极大地改变了人们的出行方式。在住宿领域，爱彼迎通过整合闲置房源，为旅行者提供多样化的住宿选择。这些共享经济平台的用户数量持续增长，交易规模不断扩大，成为推动经济发展的新动力。

2．特点

共享经济平台具有显著的双边市场特征，连接着资源提供者和需求者。平台通过制定规则和提供服务，促进双方的交易。同时，共享经济平台依托大数据、云计算等技术，实现了资源的精准匹配和高效利用。此外，共享经济平台的运营成本相对较低，具有较强的规模扩张能力，能够在短时间内迅速占领市场。

（二）监管与治理共享经济平台的必要性

1．保障消费者权益

在共享经济模式下，消费者通过平台获取服务，与资源提供者之间存在信息不对称的问题。部分平台可能存在虚假宣传、服务质量参差不齐等问题，损害消费者权益。因此，要加强对平台的监管与治理，规范平台的运营行为，保障消费者的知情权、选择权和安全权。例如，在网约车领域，若平台对司机的资质审核不严，可能导致乘客的人身安全受到威胁，通过监管可以确保司机具备相应的资质和良好的服务态度。

2．维护市场公平竞争

共享经济平台的快速发展可能导致市场垄断和不正当竞争行为的出现。一些大型共享经济平台凭借其庞大的用户基础和数据优势，排挤竞争对手，阻碍市场的创新和发展。加强监管与治理能够防止平台滥用市场支配地位，维护公平竞争的市场环境，促进共享经济的健康发展。

3．防范系统性风险

共享经济平台涉及多个领域和大量用户，一旦出现问题，可能引发系统性风险。例如，共享金融平台若缺乏有效的监管，可能导致非法集资、资金链断裂等问题，影响金融市场的稳定。因此，加强对共享经济平台的监管与治理，能够及时发现和防范潜在的风险，保障经济的稳定运行。

二、共享经济平台监管与治理面临的挑战与应对策略

（一）共享经济平台监管与治理面临的挑战

1．法律法规有待完善

共享经济作为新兴经济业态，其发展速度远远超过了法律法规的制定和完善速度。现有的法律法规难以对共享经济平台的运营行为进行全面规范，导致监管存在空白和漏洞。例如，在共享住宿领域，对于房源的合法性、税收征管等问题，缺乏明确的法律法规规定，给监管带来了困难。

2．监管主体不明确

共享经济平台涉及多个行业和领域，传统的监管部门之间存在职能交叉和职责不清的问题。这使在对共享经济平台进行监管时，容易出现监管重叠或监管缺位的情况。例如，对网约车的监管涉及交通、公安、市场监管等多个部门，如果各部门之间的协调机制不完善，会导致监管效率低下。

3．数据安全与隐私保护问题

共享经济平台在运营过程中收集了大量用户的个人信息和交易数据，数据安全和隐私保护问题日益突出。一些平台可能存在数据泄露、滥用用户信息等问

题，严重损害用户的合法权益。同时，由于数据的跨境流动，也给数据安全监管带来了挑战。

（二）共享经济平台监管与治理的策略

1. 完善法律法规体系

政府应加快制定和完善针对共享经济平台的法律法规，明确平台的法律地位、运营规则和责任义务。例如，制定专门的网约车管理法规，对司机资质、平台运营规范、安全保障等方面做出明确规定。同时，完善税收征管制度，确保共享经济平台依法纳税。

2. 创新监管方式

采用数字化监管手段，利用大数据、人工智能等技术，对共享经济平台的运营数据进行实时监测和分析，提高监管的精准性和有效性。建立跨部门的协同监管机制，加强各监管部门之间的信息共享和协作配合，形成监管合力。例如，通过建立网约车监管信息平台，实现交通、公安等部门对网约车平台的联合监管。

3. 加强数据安全与隐私保护

制定严格的数据安全和隐私保护法规，规范共享经济平台的数据收集、存储、使用和共享行为。要求平台采取技术措施，保障用户数据的安全，防止数据泄露和滥用。同时，加强对数据跨境流动的监管，确保数据安全。

4. 推动行业自律

引导共享经济平台建立行业自律组织，制定行业规范和标准，加强行业内部的自我管理和监督。通过行业自律，促进共享经济平台之间的公平竞争，提高服务质量，推动行业的健康发展。

第四节　平台垄断的治理与零工经济中的劳动权益保护

一、平台垄断与反垄断政策创新

随着数字技术的飞速发展，平台经济成为经济发展的新引擎。平台企业通过搭建数字化交易平台，联结多方参与者，极大地提高了市场效率，推动了经济增长。然而，平台经济在快速发展过程中，也可能出现垄断问题。平台垄断不仅破坏了市场的公平竞争环境，阻碍了创新和技术进步，还对消费者权益造成了损害。因此，研究平台垄断的特征与形成机制，出台反垄断政策，对于规范平台经济发展、维护市场秩序具有重要的现实意义。

（一）平台垄断的特征

与传统垄断相比，平台垄断具有显著的数字经济时代特征，深刻影响着市场竞争格局。

1. 网络效应显著

平台企业依托互联网技术，具有强大的网络效应。用户数量的增加会提升平台的价值，吸引更多用户和商家入驻，形成正反馈循环。这种网络效应使平台企业能够迅速扩大市场份额，形成自然垄断。

2. 数据驱动的竞争优势

平台企业在运营过程中积累了海量用户数据，通过对数据的挖掘和分析，平台企业能够精准把握用户需求，优化产品和服务，提升用户体验。同时，数据还可以作为生产要素，帮助平台企业开发新的业务模式和盈利渠道。

3. 跨界经营普遍

平台企业凭借其强大的技术实力和用户基础，往往开展跨界经营，涉足多个领域。这种跨界经营使平台企业能够构建庞大的生态系统，进一步强化其垄断地位，对其他企业形成强大的竞争压力。

（二）平台垄断的形成机制

平台垄断的形成并非偶然，是多种因素共同作用的结果。

1. 技术壁垒

平台企业通常拥有先进的技术和算法，这些技术和算法构成了较高的技术壁垒。其他企业要进入平台市场，需要投入大量的资金和技术资源，开发类似的平台技术和算法。例如，搜索引擎平台谷歌凭借其先进的搜索算法在搜索引擎市场占据重要地位，新进入者难以在短时间内开发出与之媲美的搜索技术，从而难以影响谷歌的市场地位。

2. 用户黏性

平台企业通过提供优质的产品和服务，形成了较高的用户黏性。用户一旦习惯使用某个平台，就会形成路径依赖，不愿意轻易更换平台。例如，电商平台京东凭借其高效的物流配送和优质的售后服务赢得了大量用户的信任和青睐，用户黏性较高。这种用户黏性使平台企业能够稳定地占据市场份额，进一步巩固其市场地位。

3. 并购扩张

平台企业为了扩大市场份额，增强竞争力，往往通过并购其他企业来实现快速扩张。通过并购，平台企业可以获取被并购企业的技术、用户资源和市场渠道，进一步强化其市场地位。例如，脸书（Facebook）通过收购 Instagram 和 WhatsApp 等社交平台，扩大了其在社交领域的市场份额，巩固了其在全球社交平台市场的地位。

（三）平台垄断对经济发展的影响

平台垄断对经济发展既有积极影响，也有消极影响。

1．积极影响

在一定程度上，平台垄断企业通过大规模的投资和创新，推动了技术进步和产业升级。例如，亚马逊在物流配送技术和云计算技术方面进行了大量的研发投入，不仅提升了自身的运营效率，也推动了整个物流和云计算行业的发展。此外，平台垄断企业通过整合资源，提高了市场效率，为消费者提供了更加便捷、高效的服务。

2．消极影响

平台垄断企业滥用市场支配地位，阻碍了市场的公平竞争。它们通过设置进入壁垒，限制新企业进入市场，抑制了市场的创新活力。例如，一些平台企业通过“二选一”等不正当竞争手段，迫使商家只能在其平台上开展业务，排除了其他平台的竞争。此外，平台垄断企业还可能通过垄断定价，损害消费者的利益，降低消费者的福利水平。

（四）应对平台垄断的措施

为了破解平台垄断问题，需要创新反垄断政策，构建适应数字经济发展的反垄断监管体系。

1．完善反垄断法律体系

随着平台经济的快速发展，现有的反垄断法律体系在应对平台垄断问题时显得力不从心。因此，政府需要加快完善反垄断法律体系，明确平台企业的市场地位、垄断行为的认定标准和处罚措施。例如，针对平台企业的“二选一”、数据垄断等新型垄断行为，制定专门的法律条款，为反垄断执法提供明确的法律依据。

2．创新反垄断监管方式

传统的反垄断监管方式主要依赖事后监管，难以有效应对平台垄断的新情况。因此，需要创新反垄断监管方式，加强事前监管和事中监管。例如，建立平台企业的市场准入审查制度，对新进入市场的平台企业进行严格的审查，防止潜在的垄断行为。同时，利用大数据、人工智能等技术，对平台企业的运营数据进行实时监测和分析，及时发现和制止垄断行为。

3. 加强国际反垄断合作

平台经济具有全球性特征，平台垄断问题往往跨越国界。因此，需要加强国际反垄断合作，共同应对平台垄断问题。各国反垄断执法机构应加强信息共享和执法协作，协调反垄断政策，避免出现监管套利现象。例如，在数字经济领域，各国可以通过签订双边或多边反垄断合作协议，共同打击跨国平台企业的垄断行为。

4. 促进平台企业的自我约束

除了政府的监管，还需要引导平台企业加强自我约束，自觉遵守市场竞争规则。平台企业应建立健全内部治理机制，加强对自身经营行为的规范和管理。例如，平台企业可以制定公平竞争的规则，加强对商家和用户的权益保护，营造良好的市场竞争环境。

二、零工经济中的劳动权益保护

零工经济以其灵活性、便捷性，改变了传统的劳动就业格局，为经济发展注入了新活力。但这种新兴的经济模式，也给劳动权益保护带来了诸多新挑战。深入了解零工经济中劳动权益保护的现状，剖析现存问题，并探索有效的解决路径，对保障劳动者权益，推动零工经济可持续发展有着重要意义。下面，我们就从多个维度，对零工经济中的劳动权益保护展开分析。

（一）零工经济的兴起与发展特征

1. 零工经济的兴起

随着互联网技术的发展和智能手机的普及，零工经济迅速崛起。在线平台的出现打破了传统就业的时空限制，使劳动者能够通过网络平台快速找到工作机会，企业也能精准匹配到所需的劳动者。以网约车、外卖配送、在线家政等为代表的零工经济平台，极大地改变了人们的工作和生活方式。例如，网约车平台的出现，让司机能够自主决定工作时间，灵活安排接单，满足了人们多样化的出行需求；外卖配送平台则为配送员提供了灵活的工作选择，消费者也能享受到便捷的送餐服务。

2. 发展特征

零工经济具有高度的灵活性和碎片化特征。劳动者无需与企业建立长期稳定的雇佣关系，可以根据自身情况，自由选择工作时间、地点和任务。这种灵活性吸引了大量劳动者参与，包括学生、兼职人员、自由职业者等。同时，零工经济涉及的行业广泛，涵盖服务、创意、技术等多个领域，进一步拓宽了就业渠道，促进了人力资源的优化配置。

（二）零工经济中劳动权益保护的现状

1. 劳动报酬

在零工经济中，劳动者的劳动报酬计算方式多样，但也存在诸多问题。部分平台制定的报酬标准不合理，劳动者工作强度大但收入较低。例如，一些外卖配送员的配送单价较低，且在恶劣天气、高峰时段等情况下，缺乏相应的补贴机制，导致其实际收入与付出的劳动不成正比。此外，部分平台还存在拖欠劳动报酬的现象，严重损害了劳动者的经济权益。

2. 劳动安全

零工劳动者在工作过程中面临着各种安全风险。以网约车司机为例，长时间驾驶容易导致疲劳，增加交通事故的发生概率。同时，由于网约车司机经常在夜间或偏远地区接单，人身安全也面临威胁。而外卖配送员在配送过程中，为了按时送达订单，可能会因急于赶路而未能严格遵守交通规则，增加自身的安全隐患。此外，一些零工平台对劳动者的安全培训和保障措施不到位，进一步加剧了安全风险。

3. 社会保障

现行的社会保障体系主要基于传统的雇佣关系建立，零工劳动者由于工作的灵活性和劳动关系的模糊性，往往难以被纳入社会保障体系。许多零工劳动者没有享受到养老保险、医疗保险、失业保险等基本社会保障，一旦遭遇疾病、失业等风险，将面临较大的经济压力。例如，部分平台将零工劳动者认定为独立承包商而非员工，从而规避了为其缴纳社会保险的责任。

（三）零工经济中劳动权益保护面临的挑战

1. 劳动关系认定

零工经济中，劳动者与平台之间的劳动关系复杂多样，难以用传统的劳动关系标准进行认定。一些平台为了降低成本，模糊与劳动者之间的劳动关系，将劳动者认定为独立承包商或合作伙伴，从而逃避劳动法律责任。这种模糊的劳动关系使劳动者在权益受到侵害时，难以依据现有的劳动法律法规维护自身权益。

2. 监管难度大

零工经济的快速发展使零工平台数量众多，业务范围广泛，监管难度较大。现行的劳动监管体系主要针对传统企业，难以适应零工经济的特点。同时，零工经济涉及多个部门的监管职责，如果部门之间的协调配合不足，就会导致监管存在空白和漏洞。例如，网约车平台的监管涉及交通、公安、市场监管等多个部门，各部门之间完善的信息共享和协作机制，才会提高监管效率。

3. 劳动者组织化程度低

零工劳动者工作分散，缺乏有效的组织和团结。他们难以形成集体力量，与平台企业进行谈判和协商，维护自身权益。此外，由于缺乏组织引导，零工劳动者对自身权益的认知不足，维权意识淡薄，在权益受到侵害时，往往不知道如何通过合法途径维护自身权益。

（四）零工经济中劳动权益保护的策略

1．完善法律法规

政府应加快制定和完善适应零工经济发展的劳动法律法规，明确零工劳动者与平台之间的劳动关系认定标准，规范劳动报酬、劳动安全、社会保障等方面的权利和义务。例如，针对零工经济的特点，制定专门的劳动法规，对零工劳动者的权益保护作出具体规定，为劳动监管和司法裁判提供明确的法律依据。

2．创新监管方式

建立适应零工经济发展的监管体系，创新监管方式。利用大数据、人工智能等技术，对零工平台的运营数据进行实时监测和分析，及时发现和解决劳动权益保护问题。同时，加强各监管部门之间的协调配合，形成监管合力。例如，建立零工经济监管信息平台，实现各部门之间的信息共享和协同监管，提高监管效率。

3．提高劳动者组织化程度

引导和支持零工劳动者建立自己的组织，如行业协会、工会等，提高劳动者的组织化程度。通过组织化，零工劳动者能够形成集体力量，与平台企业进行谈判和协商，维护自身权益。同时，加强对零工劳动者的培训和教育，提高他们的权益认知和维权意识，引导他们通过合法途径维护自身权益。

4．推动平台企业落实责任

平台企业作为零工经济的组织者和管理者，应承担保护劳动权益的主体责任。平台企业应制定合理的劳动报酬标准，加强对劳动者的安全培训和保障，依法为劳动者缴纳社会保险。同时，平台企业应建立健全劳动纠纷处理机制，及时解决劳动者的诉求，维护劳动者的合法权益。

参考文献

［1］熊白妹 . 安徽省中小企业国际化战略选择［D］. 合肥：安徽财经大学，2015.

［2］朱勇国 . 人力资源管理专业技能实训教程［M］. 北京：清华大学出版社，2012.

［3］侯政民 . 动态能力视角下知识转移对中小企业国际创业绩效的影响机制研究［D］. 桂林：广西师范大学，2016.

［4］陈俊彦 . 人力资源管理效能与组织绩效关系研究［J］. 财会通讯，2017（23）：25–28.

［5］陈志霞，周佳彬 . 信息化人力资源管理研究进展探析［J］. 外国经济与管理，2017，39（1）：56–67.

［6］刘军伟，刘华，王伟 . 企业家精神、社会资本与科技型中小企业天生国际化路径研究［J］. 科技进步与对策，2018，35（16）：144–150.

［7］董惠梅 . 企业国际化过程中知识的作用［J］. 开发研究，2015（1）：106–108.

［8］沈司懿 . 中小企业国际化成长中的中介组织作用研究［D］. 湘潭：湖南科技大学，2014.

［9］章宜 . 集群创新网络视角下中小企业国际化成长力评价［D］. 长沙：湖南大学，2014.

［10］管鑫檑 . 人力资源管理信息化系统开发与应用［J］. 电脑知识与技术，2019，15（20）：50–52.

［11］和龙，葛新权 . 人力资源管理科技化实践研究回顾与展望［J］. 北京交通大学学报（社会科学版），2017，16（3）：82–89.

［12］胡欣 . 战略人力资源管理的理论与发展——评《战略人力资源管理》［J］. 新闻与写作，2017（3）：125.

［13］赖秀琴 . 浅谈企业档案在人力资源管理中的应用［J］. 档案管理，2018，233（4）：93–94.

［14］谢晓芳．战略性人力资源管理、组织效能及关系［J］．企业管理，2017（11）：115-117.

［15］徐升华，周文霞．新形势下人力资源管理职责与角色研究［J］．现代管理科学，2018（11）：100-102.

［16］赵爽，朱方伟，苏永孟．人力资源招聘中的逆向选择问题研究［J］．现代管理科学，2017（10）：30-32.

［17］郑成顺．浅谈如何加强人力资源管理信息化建设［J］．中国管理信息化，2019，22（16）：79-80.

［18］朱章博．人力资源管理信息化对企业经营管理的影响［J］．现代营销（下旬刊），2019（7）：135-136.

［19］曹海英．人力资源管理概论［M］．北京：中国金融出版社，2016.

［20］陈爱吾．人力资源管理［M］．北京：中国财政经济出版社，2016.

［21］郭芳华，石磊，阚辉．人力资源管理［M］．延吉：延边大学出版社，2018.

［22］刘昕．人力资源管理［M］．北京：中国人民大学出版社，2012.

［23］刘颖民，孟建国．人力资源管理［M］．南京：南京大学出版社，2010.

［24］彭剑锋．战略人力资源管理：理论、实践与前沿［M］．北京：中国人民大学出版社，2014.

［25］秦志华．人力资源管理［M］.4 版．北京：中国人民大学出版社，2014.

［26］卿涛．人力资源管理概论［M］.2 版．北京：清华大学出版社，2015.

［27］冉军．人力资源管理［M］．北京：清华大学出版社，2017.

［28］张爱卿，钱振波．人力资源管理［M］.3 版．北京：清华大学出版社，2015.

［29］张英奎，蔡中华．人力资源管理［M］．北京：机械工业出版社，2013.

［30］赵曙明．人力资源战略与规划［M］.3 版．北京：中国人民大学出版社，2012.

［31］赵永乐．人力资源管理［M］.2 版．上海：上海交通大学出版社，2010.

［32］李隽．知识异质性与企业国际化路径选择［J］．商场现代化，2016（1）：69.